science·i

マンガでわかるゲーム理論

なぜ上司は仕事をサボるのか?
近所トラブルはどうして悪化するのか?

ポーポー・ポロダクション

JN284333

SB Creative

著者プロフィール

ポーポー・ポロダクション

「人の心を動かせるような良質でおもしろいものをつくろう」をポリシーに、遊び心を込めたコンテンツ企画や各種制作物を手がけている。色彩心理と認知心理を専門とし、心理学を活用した商品開発や企業のコンサルタントなども行っている。著書に『マンガでわかる色のおもしろ心理学』『マンガでわかる色のおもしろ心理学2』『マンガでわかる心理学』『マンガでわかる人間関係の心理学』『マンガでわかる恋愛心理学』『デザインを科学する』（サイエンス・アイ新書）、『今日から使える!「器が小さい人」から抜け出す心理学』『人間関係に活かす! 使うための心理学』『自分を磨くための心理学』（PHP研究所）、『「色彩と心理」のおもしろ雑学』（大和書房）などがある。

本文デザイン・アートディレクション：クニメディア
イラスト：ポーポー・ポロダクション
校正：長岡恒存、壬生明子、曽根信寿

はじめに

人は自分の利益を増やそうと行動します。友人も家族もご近所さんも自分の利益を増やそうと行動します。しかし個人と個人が重なると相互の利益は対立することがあります。ある目的を達成しようとする人の利益は、同じ目的をもつ人の影響を受けて、小さくなったり大きくなったりします。「ゲーム理論」はそんな相互に影響を受けるなかで、最適な道を探すのに役立つ学問です。

本書はゲーム理論という言葉を聞いて、「どんなものなんだろう？」と興味をもっていただいた人に、数学の知識をもち合わせていなくても簡単に読めるように書かれたゲーム理論の入門書です。安心してください。本書ではほとんど「数式」は登場しません。

またゲーム理論の概要は少しわかっているけれど、さらにくわしく知りたいと思う方にも読んでいただけるように、実社会の実例を多く取り入れ、少し複雑でややこしいところまで理解できるような内容にしています。専門書を買って読んでも途中で挫折してしまうなら、最初は本書のようなとっつきやすく、内容が薄くない本を読むほうがいいはずです。

では、本書を読むとどんなことがわかるようになるのかを少しだけ紹介します。

・サラリーマンがサービス残業をしてしまうメカニズム
・昇給を会社から勝ち取る方法
・ダメな上司が働かない理由と対応策
・相手が「ノー」と言えない交渉法
・新規ビジネスに成功する企業と失敗する企業の違い
・近所トラブルが悪化するメカニズムとその対応策
・プロポーズはするほうが得なのか？ 待つほうが得なのか？
・41代アメリカ大統領選挙戦を知れば、ソフトバンクが携帯電話ビジネスに参入してきた際、ドコモが取るべきだった戦略

これらはほんの一例です。ゲーム理論はよく経済と結びついて語られますが、いやいや、国際問題から会社や学校の問題、就活や婚活、近所問題に家庭円満の秘訣など、身近にあるさまざまな問題の構造を理解するのに役立ち、解決の糸口を見いだしてくれます。本書ではそれらを複数紹介しながらゲーム理論の基本的構造、ゲームの解き方を解説しています。

序章は「ゲーム理論とはなにか」をテーマに、ゲーム理論の生い立ちやどのようなジャンルで使われているのか

を紹介しています。第1章ではゲーム理論の基礎要素を解説、第2章では重要項目である「ナッシュ均衡」を解説し、ゲームの解き方を説明します。第3章ではさまざまな形の同時手番ゲーム、第4章では「囚人のジレンマ」問題を取り上げ、最適な利益にたどりつくことのできない構造と対応策を見ます。第5章では相手の戦略を受けて自分の戦略を決められる逐次手番の解き方、第6章では具体的な例をだし「使えるゲーム理論」を紹介していきます。

気になるところから読んでいただいて結構ですが、ゲーム理論を学ぶのが初めての人は、最初に第1章を読むことをおすすめします。

本書のイラストには、頭に花をつけた奇特なサルたちが多数登場します。彼らは感情や表現したい色を、頭の花の形や色で表現する「ミホンザル」と呼ばれる種類のサルです。日本の固有種であるニホンザルの亜種ですが、くわしい生態はほとんどわかっていません。

ゲーム理論は高度な理論と誤解されがちですが、彼らでもわかっているのですから、私たちが理解できないわけはありません。人間もサルも基本的には合理的にものを判断します。今回、マンガに協力してくれたことをこの場を借りて心からお礼を申し上げます。

ポーポー・ポロダクション

マンガでわかるゲーム理論

なぜ上司は仕事をサボるのか？　近所トラブルはどうして悪化するのか？

CONTENTS

はじめに …… 3

序章　ゲーム理論とは？ …… 9

前田慶次「傾き通せ」戦略VS
豊臣秀吉の先読み …… 10
大事なものを「捨てて勝つ」戦略 …… 14
合コンで絶対に取ってはいけない行動 …… 18
ゲーム理論とは …… 22
ゲーム理論を知るとどうなる？ …… 24
ゲーム理論の始まり …… 26
ゲーム理論の普及 …… 30
序章のまとめ …… 32

第1章　ゲーム理論の基本と支配戦略 …… 33

ゲーム理論の基本要素① …… 34
ゲーム理論の基本要素② …… 36
ゲームの種類① …… 38
ゲームの種類② …… 40
ゲームの種類③ …… 42
ゲームの表現形式 …… 44
なぜ牛丼屋、弁当屋は値段を下げるのか？ …… 46
成績評価ゲームでよい評価を得る方法 …… 54
神は信じるほうが得か、
信じないほうが得か？ …… 60
第1章のまとめ …… 64

第2章　ナッシュ均衡 …… 65

プレイヤーが互いに
最適反応しているゲームの解 …… 66
デートは相手に合わせるべきか否か？ …… 70
大きな服を扱うお店の戦略 …… 76

ゲーム理論なら
人がなぜ裏切るのか？
が一目瞭然

さらに
プロポーズは
「する」「待つ」どっちが得？
サービス残業してしまう
メカニズム

など現実社会の疑問も解ける!!

近所トラブルはどうして悪化するのか？ …… 78
じゃんけんの必勝法とは？ …… 82
第2章のまとめ …… 84

第3章　さまざまな同時手番ゲーム …… 85
相手と協調して利得を増やす …… 86
『賢者の贈り物』に見る夫婦の協調 …… 88
得をするのは協調か、
それとも単独行動か？ …… 90
もし会社のインサイダー情報を
入手したら？ …… 92
度胸試しに勝つ方法 …… 94
キューバ危機をしのいだケネディの戦略 …… 100
予防接種は誰が得をするのか？ …… 104
第3章のまとめ …… 106

第4章　囚人のジレンマ …… 107
「自白」か「黙秘」か、犯人たちのジレンマ …… 108
ウォーターゲート事件に見る囚人のジレンマ …… 114
サラリーマンはなぜサービス残業を
してしまうのか？ …… 116
サントリーの販売戦略 …… 118
もっとも汚い選挙に見る囚人のジレンマ …… 120
マフィアはなぜ組織を裏切らないのか？ …… 124
囚人のジレンマが繰り返し行われたら？ …… 126

SB Creative

CONTENTS

繰り返し囚人のジレンマを制する
「お返し」戦略 …… 130
合コンの必勝法 …… 134
社会的ジレンマ …… 138
なぜ上司は仕事をサボるのか? …… 140
利己的な利益追求が生む未来 …… 144
パレート最適とは? …… 146
パレート最適とナッシュ均衡 …… 152
第4章のまとめ …… 154

第5章 逐次手番ゲーム …… 155
20ゲームの必勝法 …… 156
ゲームの木の描き方 …… 158
昇給を会社から勝ち取る方法 …… 160
強盗には従うべきか? …… 164
逃げ道のない強さ …… 168
新規参入ビジネスに成功する企業、
失敗する企業 …… 170
ソフトバンクの携帯電話ビジネス参入戦略 …… 174
第5章のまとめ …… 178

第6章 使えるゲーム理論 …… 179
足が遅い人の戦略、口べたの人の戦略 …… 180
就職活動でミスマッチを減らす …… 182
プロポーズはするほうが得か?
待つほうが得か? …… 186
全員の給料を下げてはいけない。
代わりに誰かのクビを切れ …… 188
もうかる話は電話でかかってこない …… 190
株式投資は「いかに儲けるか」ではなく
「いかに損失を減らすか」 …… 192
ノーと言えない交渉 …… 194
ゲーム理論でいじめ問題を乗り越える …… 196

あとがき …… 200
参考文献 …… 204
索引 …… 205

序　章

ゲーム理論とは？

ゲーム理論を知ればいったいなにができるのでしょうか？　そもそもゲーム理論とはいったいどんな学問なの？　ゲーム理論の始まりや活用先を知るところから、ゲーム理論を学んでみましょう。

前田慶次「傾き通せ戦略」VS豊臣秀吉の先読み
〜相手の戦略を読む①〜

前田慶次《けいじ》（慶次郎）の名前で知られた前田利益《とします》は、戦国時代末期に名を馳せた武将です。小説、マンガでもその男気のある生き方が描かれ、派手な身なりと常識を超えた「傾奇者《かぶきもの》」として人気です。自由奔放で破天荒な振る舞いや逸話が数多く残り、情に厚く気持ちで動くイメージのある男です。やることも豪快、型にはまらない自由な発想の人間でした。そんな慶次が戦略家として名高い豊臣秀吉と向かい合うとどんなことになるのでしょうか？

時の天下人、豊臣秀吉があるとき聚楽第（もしくは大坂城）に諸大名を招き宴席をもうけました。慶次はこの席にまぎれ込み、舞を披露することとなったのです。慶次は猿面をつけ手拭いで頬かむりをし、猿のマネをしながら踊り、並んでいる大名たちの膝の上に次々と腰かけていったといいます。ところが尊敬する上杉景勝の前へくると景勝だけを避け、次の人の膝の上へと乗っていきました。慶次の破天荒ぶりと景勝への敬重を表したエピソードとして残っていますが、そもそも慶次は、なぜ秀吉の前でそんな猿マネの踊りを披露したのでしょう？

秀吉はその風貌から猿にたとえられていることはあまりに有名です。秀吉の機嫌をそこねたら、その場で斬られることは誰でもが想像できるはずです。なぜ、慶次はそこまでして傾《かぶ》く必要があったのでしょうか？ 斬られないという確信があったのでしょうか？ そもそも上杉景勝を立てるためにそこまでする必要があったのでしょうか？

実は彼には内に秘めた戦略があったのかもしれません。

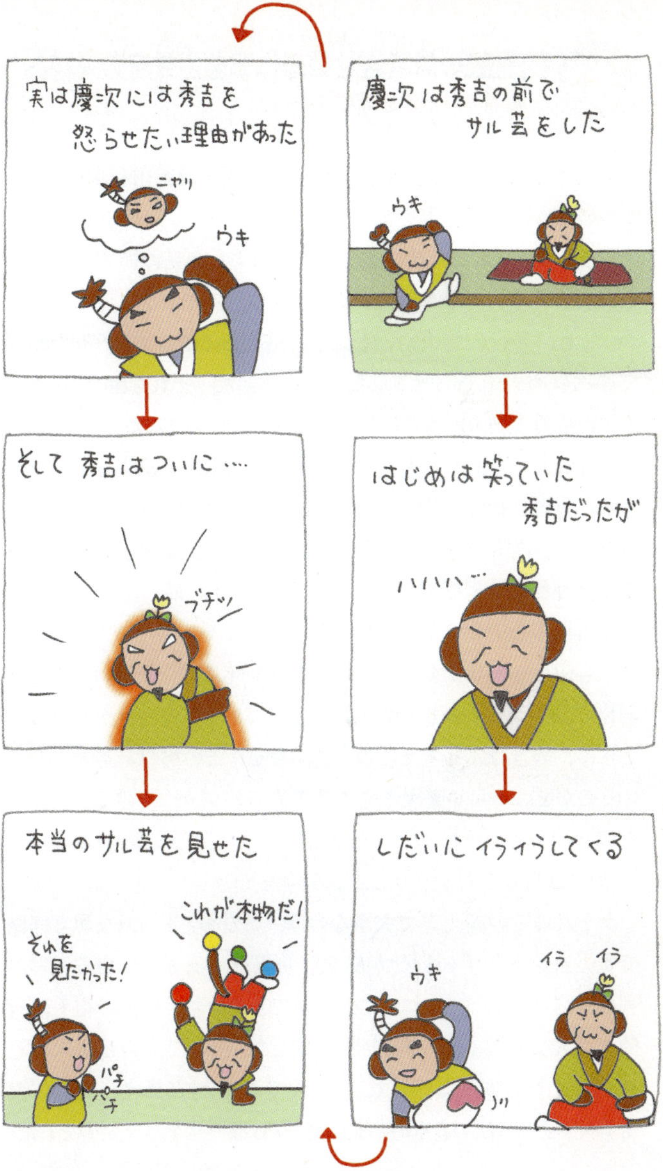
慶次は秀吉の前で
サル芸をした
ウキ
はじめは笑っていた
秀吉だったが
ハハハ…
しだいにイライラしてくる
ウキ
イラ　イラ
実は慶次には秀吉を
怒らせたい理由があった
ニヤリ
ウキ
そして秀吉はついに…
ブチッ
本当のサル芸を見せた
これが本物だ!
それを
見たかった!
パチ
パチ

前田慶次「傾き通せ戦略」VS豊臣秀吉の先読み
～相手の戦略を読む②～

小説『一夢庵風流記』（隆慶一郎 著）で慶次は前田利家の正室、まつのために豊臣秀吉を殺そうと決意し、懐に短剣を隠して猿マネをしながら踊った姿が描かれています。謁見《えっけん》の間では、慶次と秀吉の距離は離れすぎています。ふつうに短剣をもって飛びかかっても、秀吉の背後にいる家臣に守られるでしょう。したがって慶次は秀吉を怒らせる必要がありました。それも激高させて、みずから刀で斬りかかるほど怒らせなければいけなかったのです。そのため大名の前で、秀吉を徹底的に馬鹿にする必要があったのです。秀吉の行動を推測した慶次の賢い戦略です。

ところが豊臣秀吉はさらに賢い男でした。農民から実力で関白まで昇り詰めた戦略家だけのことはあります。最初は慶次の天下人にも屈しないという心意気を買い笑って見ていたのですが、それにも限度があります。大名の前で笑いものになり続けることは関白の沽券にかかわります。詰め寄って斬ってやろうかと思ったときに、秀吉はふと考えるのです。なぜ、この男は死のうとしているのかを。そして慶次を見てその真意に気がつくのです。怒った自分が斬りかかったところで隠しもった武器で襲うつもりだ。「こいつは自分を殺そうとしている」と。

ゲーム理論の考え方で大事なのは、この秀吉のような思考回路です。自分と相手の行動が結果に影響を与えます。自分だけの利益を考えてもゲームに勝つことはできません。秀吉は相手の行動を読んで、迫るリスクを回避しました。そして秀吉は慶次の意地を貫く傾奇ぶりに感銘し、「大義であった」と讃え、慶次に傾奇御免（ずっと傾いてもいいよ）というお墨つきを与えたのでした。

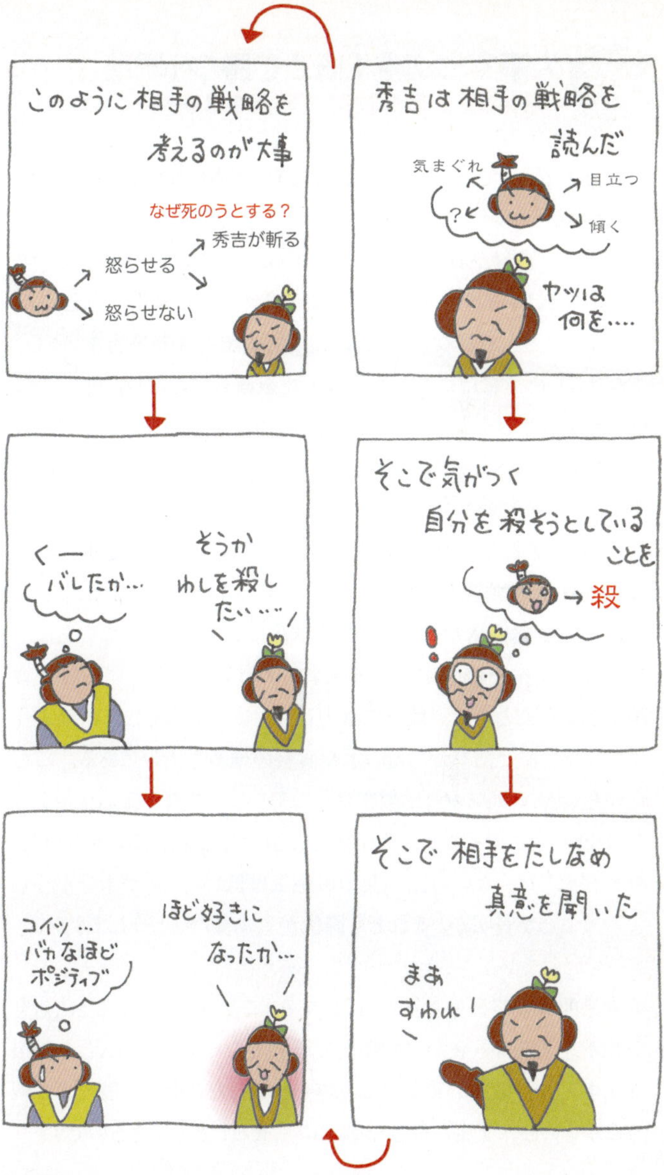
秀吉は相手の戦略を読んだ
気まぐれ
目立つ
?
傾く
ヤツは何を….
そこで気がつく
自分を殺そうとしていることを
殺
そこで相手をたしなめ真意を聞いた
まあすわれ!
このように相手の戦略を考えるのが大事
なぜ死のうとする?
秀吉が斬る
怒らせる
怒らせない
くー バレたか…
そうか わしを殺したい…
コイツ… バカなほど ポジティブ
ほど好きに なったか…

大事なものを「捨てて勝つ」戦略
～あえて選択肢を減らして利益を得る①～

駆け引き、ゲーム、交渉など対人的な戦略では選択肢は多いほうがいいといわれます。選択できる戦略が多いほど、相手の状況に応じて自分が有利な戦略を選べるからです。しかしかならずそうなるとはかぎりません。選択肢が多くなった結果、自分が不利になることもあるのです。たとえば特に相手に効果的な「脅し」をかけたいときには、みずから選択肢を減らすことで、脅しに信憑性をもたせることができ、結果的に利益を増やすことをゲーム理論は教えてくれます。

1つ例題をだします。あなたは中世のA国を守る王です。自然に囲まれ水や食料も豊富にあります。あるとき豊かな資源を狙って隣国が攻め込んできました。無益な戦いはしたくないあなたは兵士と国民を城の中に招き入れ、ろう城しました。冷静に戦局を分析したところ、敵軍の兵力は多いが、こちらには敵軍よりすぐれた武器と防具がある。水や食料の備蓄も十分にある。こちらが死ぬ気で抵抗すれば敵軍はその勢いにのまれて撤退するかもしれない。そこでとことん戦い抜くと強い脅しを敵に見せたいが、戦い慣れしていない自国の兵士の士気は低い。食料が十分なうちに戦うことが賢明か、それとも降伏か？ あなたはどうしますか？

効果的な戦略は備蓄食料を「捨てる」ことです。捨てるところを見た兵士たちは、戦いに短期間で勝利しなくては死ぬことを覚悟します。食料を失い選択肢はかぎられました。そして最後まで戦うしかないという強い脅しを敵軍に見せることができるのです。

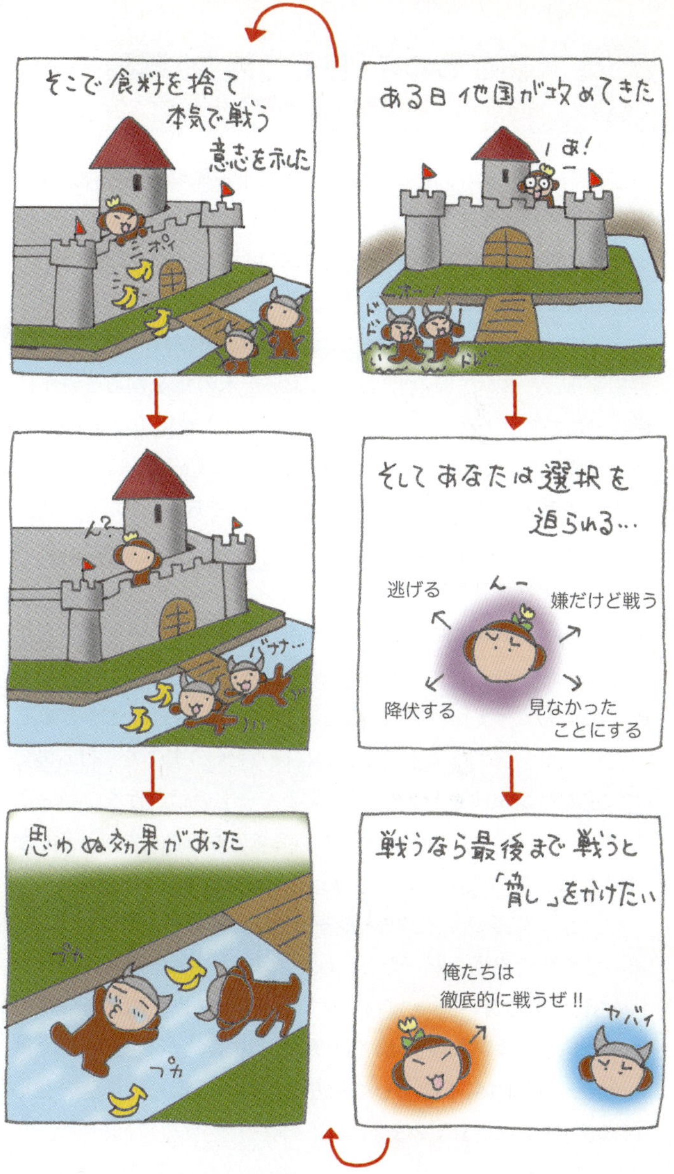
ある日 他国が攻めてきた
あ!
オー!
ドドド
ドド…
そしてあなたは選択を迫られる…
んー
逃げる
嫌だけど戦う
降伏する
見なかったことにする
戦うなら最後まで戦うと「脅し」をかけたい
俺たちは徹底的に戦うぜ!!
ヤバイ
そこで食料を捨て本気で戦う意志を示した
ポイ
ん?
バナナ…
思わぬ効果があった
プカ
プカ

大事なものを「捨てて勝つ」戦略
～あえて選択肢を減らして利益を得る②～

信長の家臣、柴田勝家も選択肢を捨てる戦略を試みました。1570年、六角義賢《ろっかくよしかた》の軍勢によって勝家の長光寺城は取り囲まれてしまいました。水を外から城へ引いていることを知った六角は、なんと水源を止めさせたのです。水源を止めることで柴田軍の戦意を喪失させられると思ったのでしょう。ところが勝家は戦意を喪失するどころか、皆の前でためておいた水の瓶を割るという行動にでたのです。水がなくなったことで選択肢が狭くなりました。戦いに勝たなければ全滅するという状況をつくったのです。そして逆に士気が上がった柴田軍はわずかな兵でありながらも、城外にでて見事に六角軍を打ち取ったといいます。

では前ページの状況で逆にあなたがA国を攻める敵軍指揮官だったらどうでしょう？　そう自分が乗ってきた船、乗ってきた馬車を燃やしてしまうのです。撤退はしないという強い意志を敵と味方に見せ、勝利するまで徹底的に戦うという脅しをかけるのです。重要な選択肢を1つ減らしたことで脅しの信憑性を上げることができ、戦わずして降伏を勝ち取ることができます。こうした「脅し」は相手の戦略に影響を与える重要戦術でもあります。

ローマの英雄ジュリアス・シーザーもイギリスを征服する際、乗ってきた船を焼き払ったといわれています。動揺する兵を前に「進むほか道はない！」と宣言しました。アステカ王国を征服したエルナン・コルテスもまた、500人の兵を率いてメキシコに上陸した際、自軍の船を燃やして味方や周辺の部族に、自分の強い意志を示したとされています。

シーザーはイギリスに上陸した際
よし！上陸だ！！
乗ってきた船を燃やした
フフフ・・・・
ボー
ボー
選択肢をへらすことで
船ない
前に進むしかない
船ある
いつでも戻れる
前にしか進めないことを兵たちに見せる
すすめー！
えー！
マジ？！
ん？
船に定期忘れた！！
オイ！
ボー
ボー
メラ
メラ

合コンで絶対に取ってはいけない行動
～合コンでも使えるゲーム理論①～

現代に生きる哲学者、六本木のあるホストは言いました。「恋愛はゲームである」と。彼は哲学者であるのと同時に、ゲーム理論研究家であったに違いありません。「恋愛」は感情論ではなく、綿密に練られた計画が必要です。その場での対応だけでは揺れる女心に対応できるはずはないのです。戦略を立て、最適な言動が必要になってきます。自分の行動によって相手は動き、相手の行動によって自分の戦略が変化する。まさにそれはゲーム理論です。

ゲーム理論は身近なところで使えます。たとえば合コンに参加した場合を考えてみましょう。合コンをゲーム理論で考えると取ってはいけないある行動が見えてきます。

あなたと友人のケンジ。ケンジには毎回、おいしいところをもっていかれてしまいます。彼の手の早さは、あなたにとって脅威です。そして今回、メンバーにはあなたがどうしても落としたい好みの異性がいたとします。話も盛り上がった合コン中盤。あなたの懸命の努力を阻害するようにケンジはお目当ての子にアプローチを開始しました。あなたは気が気ではない。いつものような悪夢の再来です。

そんなときにケンジはトイレで席を立ちました。思わぬチャンスが巡ってきたのです。そこであなたは、彼女の横に座りました。そこで問題です。さて、あなたはどうしますか？

A.　ケンジがいない間に、ケンジの手の早さを暴露する

B.　ケンジの手の早さは黙っておき、場を盛り上げる

ケンジ!
今日は合コンだ!
オウ!
また コイツに
おいしいところを
なんとかしたい…
ヒヒヒ…
このまま
では
ヤバイー
それでよ〜
ちょっと
トイレに
よーし
このチャンスに…
サル!
バナナ…

合コンで絶対に取ってはいけない行動
～合コンでも使えるゲーム理論②～

悪口をいってケンジの印象を悪くすべきなのか、それとも黙っておくほうがいいのでしょうか？

どうしても気持ちが先行してしまい、こんなときはついつい相手の悪口をいってしまいたくなるものです。相手の評価が下がれば、間接的に自分の評価が上がるからです。

しかしゲーム理論的に答えを導くなら、正しい行動はBです。恋愛は特に感情が前のめりになり、自分の気持ちだけを考えてしまいがちです。ところが相手も自分と同じように戦略を練ってくるという点がポイントなのです。

ケンジがいないときと同様に、あなたがトイレに行くこともあるでしょう。ケンジがいないときにあなたがケンジの不利になる情報を暴露してしまうと、それを知ったケンジは自分のポイントを稼ぐために間違いなく、あなたが不利になることをいいます。人間とは合理的な生き物です。やられたらやり返したくなります。結局あなたが暴露をすると自分も暴露されることになります。それでは結局悪い印象を残すだけ。次にあなたが黙っているとしましょう。するとケンジは暴露をするか、黙るかの選択に迫られます。しかしケンジは自分が暴露するとあなたにも暴露されると思い、最適な方法として黙ることを選択します。したがってこのケースでは、ケンジに対して黙っておくほうが戦略的によいのです。合コンでは参加した仲間の悪口を絶対にいってはいけないのです。ゲーム理論はあなたに合コンでの最適な言動をも教えてくれます。このゲームモデルはP.134でくわしく解説します。

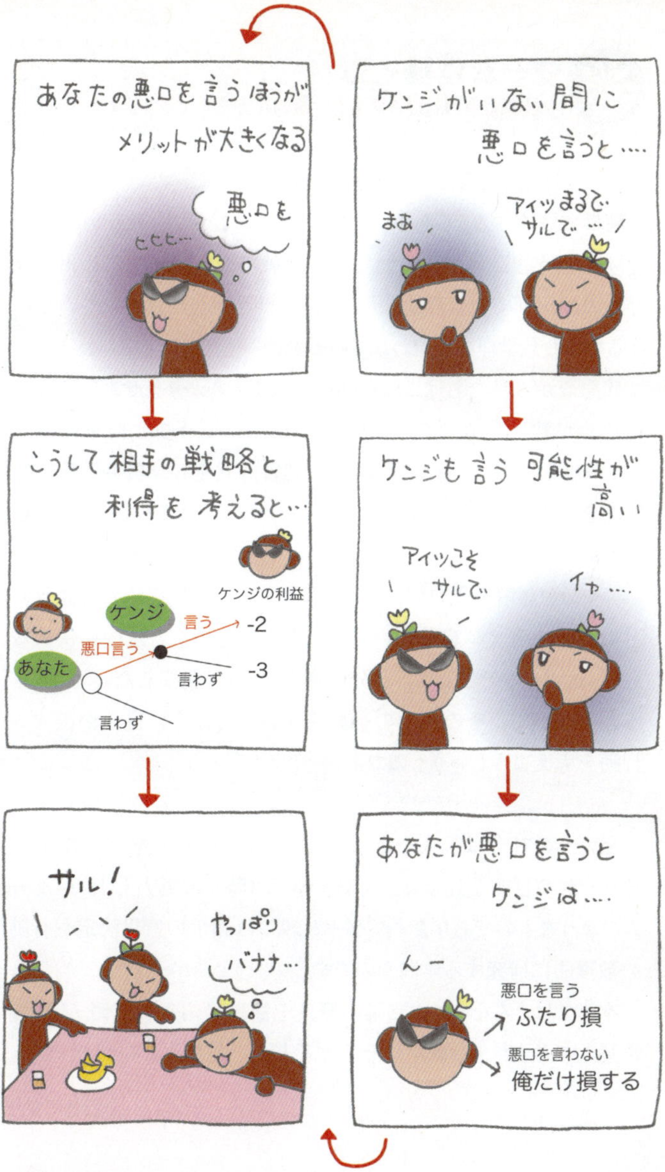
ケンジがいない間に
悪口を言うと….
まあ
アイツまるで
サルで…
ケンジも言う可能性が
高い
アイツこそ
サルで
イャ….
あなたが悪口を言うと
ケンジは….
んー
悪口を言う
ふたり損
悪口を言わない
俺だけ損する
あなたの悪口を言うほうが
メリットが大きくなる
悪口を
ヒヒヒ…
こうして相手の戦略と
利得を考えると…
ケンジの利益
ケンジ
言う
-2
悪口言う
あなた
言わず
-3
言わず
サル!
やっぱり
バナナ…

ゲーム理論とは
～競争相手の行動を考えて、最適な方法を決定する考え方～

ゲーム理論とはなんでしょうか？

簡単に説明すると「ある特定の条件下において、お互いに影響を与え合う複数の主体の間で生じる戦略的な相互関係」「相互依存性の状況下での合理的意思決定や合理的配分方法」について考えるための数学理論といわれています。

残念ながら私たちはこれを聞いてもよくわかりません。こうした定義が敷居を上げていると思うのです。もう少し簡単に要約してみましょう。ゲーム理論とは「利害対立をもつ相手の戦略的状況をゲームの形で合理化した理論」といったところではないでしょうか。

いやいや誤解を恐れずにさらに簡単にいってしまえば、「競争相手の行動を考え、自分がいちばん得する方法を合理的に決めるもの」といえるでしょう。自分と同じように「得をしたい」と考える相手がいて、その相手の行動を予測しながら、自分が得する行動を考えようというものです。

私たちの社会は個人や企業などが一定のルールを守りながら、それぞれの目的を達成すべく競い合う（時には協力し合う）ゲームのようなものであります。ゲーム理論は相手の意思決定や行動を数理的に研究する学問なのです。

本書ではそんなゲーム理論の概要を簡単に紹介し、ゲーム理論を通してさまざまな戦略、その思考方法を見てみることにします。

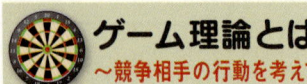

ゲーム理論って何?
相手の行動を考えて
自分が一番得する戦略を合理的に決めることさ!
へぇー
それ課金あるの?
んー
たぶん無料でもできる
ヒュー

ゲーム理論を知るとどうなる？
～ゲーム理論はさまざまな場所で活用できる～

ゲーム理論を知れば、どんなことに活用できるのでしょう？

ゲーム理論は経済学の分野で成熟してきたこともあり、企業間の競争、協力、提携などでよく利用されています。よく使われているのが価格競争の戦略をゲーム理論で考えるというものです。仕入れ価格に対して利益の設定をどうするのか？ どこまで相手と競争して値引きをするのか？など企業間の戦略をゲーム理論で見ると最適な方法が見えてきます。

「理論」という言葉から、数学などの机上の学問と誤解されることもあります。ところがゲーム理論が応用されている範囲は多岐に渡っていて、さまざまな場所で活用されているのです。たとえばついサービス残業をするサラリーマン。ゲーム理論を用いれば、なぜサラリーマンがサービス残業をしてしまうかがわかります。

また企業内の物流の最適化、販売促進、組織編成、また企業と従業員の労働条件交渉にも応用できます。経済や経営を離れ、軍事戦略といった分野でも応用されています。さらには種の保存、遺伝など生物学でも使われ、幅広く影響を与えているのです。地球温暖化問題のような国と国の利害関係が絡む複雑な問題も、対立を回避して国際協力をしていくのか、国際同一規定の取引規準をどう設定していくかなど、問題解決の現実的な処方箋を構築することにゲーム理論が果たす役割はますます大きくなっています。

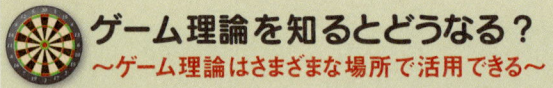

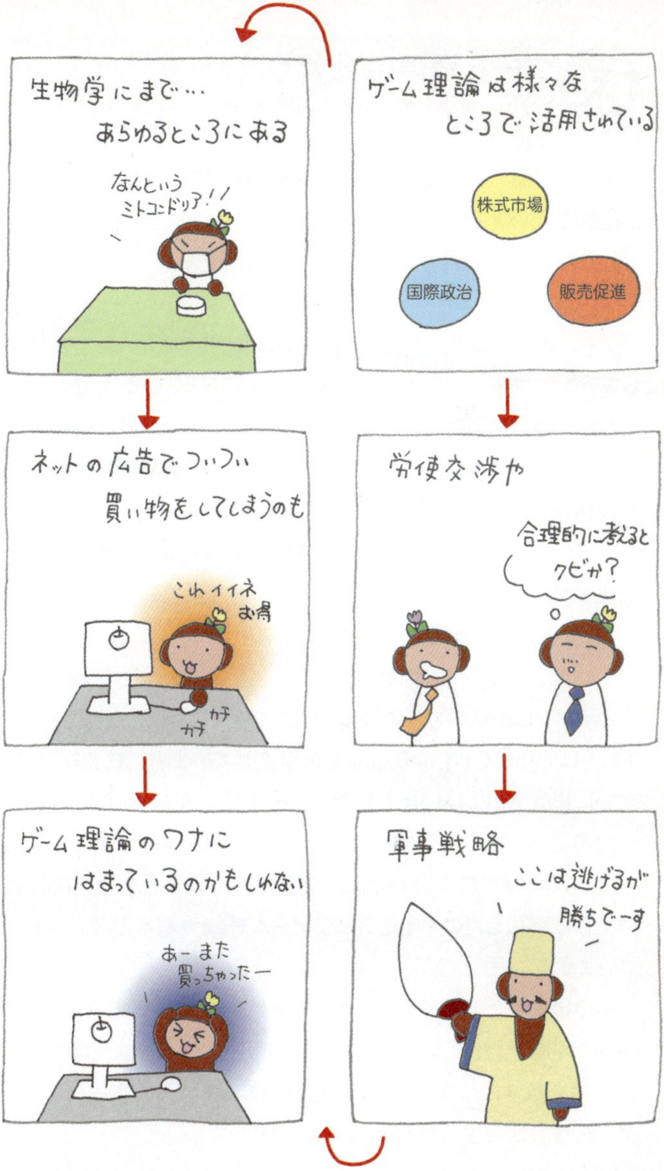
ゲーム理論は様々なところで活用されている
株式市場
国際政治
販売促進
労使交渉や
合理的に考えると クビか?
軍事戦略
ここは逃げるが勝ちでーす
生物学にまで… あらゆるところにある
なんという ミトコンドリア!!
ネットの広告でついつい買い物をしてしまうのも
これイイネ お得
カチ カチ
ゲーム理論のワナにはまっているのかもしれない
あーまた 買っちゃったー

ゲーム理論の始まり

～ゲーム理論を普及させた人物／ジョン・フォン・ノイマン～

ゲーム理論の内容を知る前に、その誕生に至った経緯を簡単に説明したいと思います。少しでも経緯や背景を知ると、学問としてのおもしろみを感じることが多いからです。

ゲーム理論の誕生に大きく貢献したのはアメリカの数学者であるジョン・フォン・ノイマン（1903～1957年）という人です。彼は数学、経済の分野だけでなく、物理学、気象学、計算機科学の分野でも大きな成果を上げました。第二次世界大戦中の原子爆弾の開発にも携わっていたとされ、現在のコンピュータの概念をつくった人としても有名です。彼の天才ぶりにはさまざまな逸話が残っており、あまりの頭のよさ、驚異的な計算能力、記憶力から「悪魔の頭脳」「火星人」とも評されていたといいます。

ノイマンは23歳のときにゲーム理論に関する最初の発表を行い、2年後にそれをくわしくした論文を発表しています。社会経済は、互いに影響をおよぼし合う複数の行動主体が存在しますが、その行動理論をうまく数学的に説明できませんでした。しかしノイマンは、人間の意思決定が相互に影響を与えることを数学的に展開できる形にしたのです。これがゲーム理論の基本定理といわれています。

その後、経済学者のオスカー・モルゲンシュテルンと共同で『ゲームの理論と経済行動』を1944年に出版。この本では複雑な人間の行動を数学的に記述することを試みており、この出版によってゲーム理論が誕生したといわれています。

数学者のノイマンは
ポーカーが大好き
ストレート
必勝法を考えるうちに
んー
ゲーム理論の基本定理を
見つける
経済のしくみって
ややこしいよネ
もう
大丈夫!
あなたは…
私は
ゲームの国から
きた
ノイマン

ゲーム理論の始まり
～ゲーム理論を普及させた人物／ジョン・ナッシュ～

ゲーム理論は『ゲームの理論と経済行動』発表後、すぐに受け入れられたわけではありません。いままでとあまりに違う基本原理のために、最初はなかなか普及しませんでした。

そんななかゲーム理論を構築し、広く経済界に受け入れられるようになったのは、アメリカ人数学者のジョン・ナッシュ（1928年～）の存在が大きいでしょう。

子どものころから聡明であったナッシュは、カーネギー工科大学で数学や国際経済を学びプリンストン大学の博士課程（大学院）に進みます。ナッシュはそこでゲーム理論の研究を行い、1951年、非協力ゲーム（プレイヤー同士が提携関係にないゲーム）に関する論文を発表しました。ゲーム理論では重要な概念として「ナッシュ均衡」という言葉がたびたび登場します（第2章でくわしく解説）。ナッシュの均衡はプレイヤー全員が戦略的に最適となる均衡の点であり、この概念が生まれたゲーム理論は大きく進歩しました。ここでも、その功績はすぐには評価されず時間が経過しました。

ゲーム理論が注目されるようになってきたのは、それから約20数年後の1970年代後半、経済学者たちがナッシュの非協力ゲームが経済事象をうまく解決してくれることに気がつくようになり、経済学への浸透が進んでいくようになってからのことです。そしてゲーム理論は経済学で幅広く利用されるようになっていくのです。ナッシュはほかのゲーム理論の専門家とともに、1994年にノーベル経済学賞を受賞。映画『ビューティフル・マインド』は彼の数学者としての偉業と数奇な人生を描いた作品です。

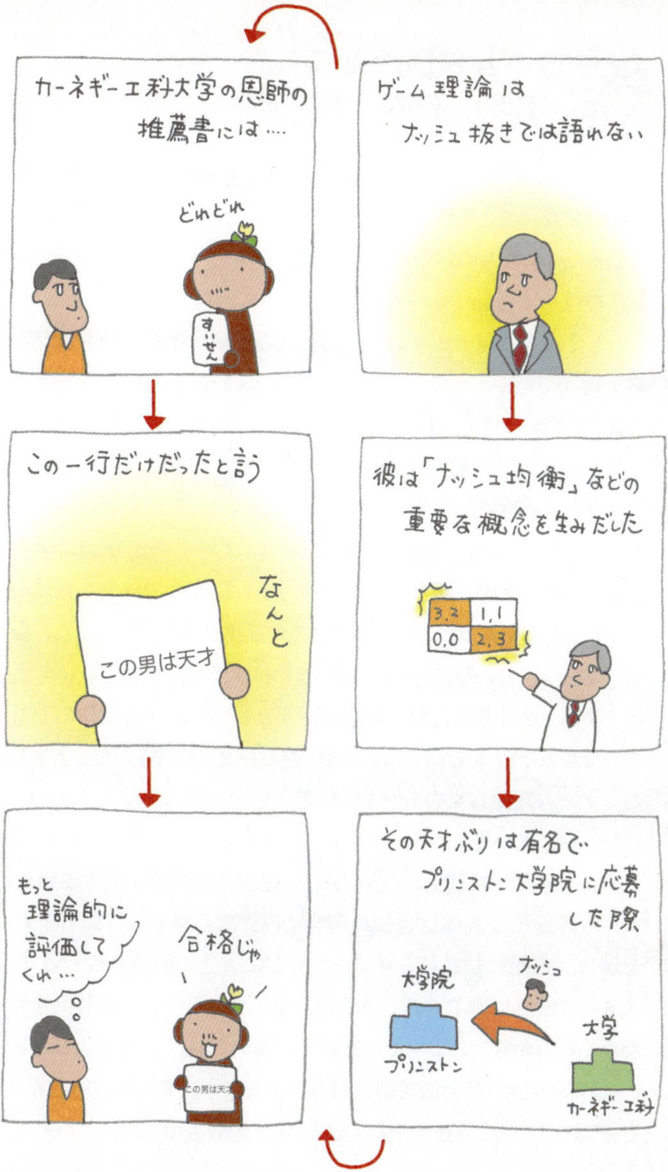
ゲーム理論は
ナッシュ抜きでは語れない
彼は「ナッシュ均衡」などの
重要な概念を生みだした
3,2
1,1
0,0
2,3
その天才ぶりは有名で
プリンストン大学院に応募
した際
大学院
ナッシュ
大学
プリンストン
カーネギー工科
カーネギー工科大学の恩師の
推薦書には….
どれどれ
すいせん
この一行だけだったと言う
なんと
この男は天才
もっと
理論的に
評価して
くれ…
合格じゃ
この男は天才

ゲーム理論の普及
～経済学への普及と新しい展開～

経済活動を考えるうえで人間の意思決定や行動に関する研究が必要になってきます。人は誰かと無関係に行動するわけではありません。私たちの行動は誰かに影響を与え、自分も誰かからの影響を受けて行動するのです。

たとえば企業同士が互いの行動を読みながら意思決定をし、戦略を選んでいくメカニズムを解明するのはいままでの理論では不十分でした。ライバル社を見据えながら、消費者の行動を推測し、価格を設定する。経済活動がグローバル化、情報化していくなかで、ゲーム理論は次第に活用されるようになっていったのです。ゲーム理論が普及するようになったのは、ゲーム理論が経済学と結びついたことで、現実的な検証や分析、応用のできる存在になったからでもあるでしょう。経済学との連携がなかったら、たんなる理論で終わってしまったに違いないはずです。かつて経済学者のアダム・スミスは、個人の利益追求がいつしか社会全体の利益につながる不思議な調和のことを「神の見えざる手」とたとえました。ゲーム理論はこのあいまいな考えを理論的に構築したものではないかと思います。

実際の人間の行動はかならずしも理論どおりには進みません。ゲーム理論では人間は自分の利得のみに関心をもち行動します。しかし、実際は信頼性、イメージなどに大きく影響を受けます。イメージの悪い販売企業があれば、安くてもその会社の製品を買わなくなるかもしれません。近年、人間の動機，認知および推論の心理的要因や社会的要因を組み入れたより人間らしい行動原理を解明しようと「行動ゲーム理論」という理論も研究されています。

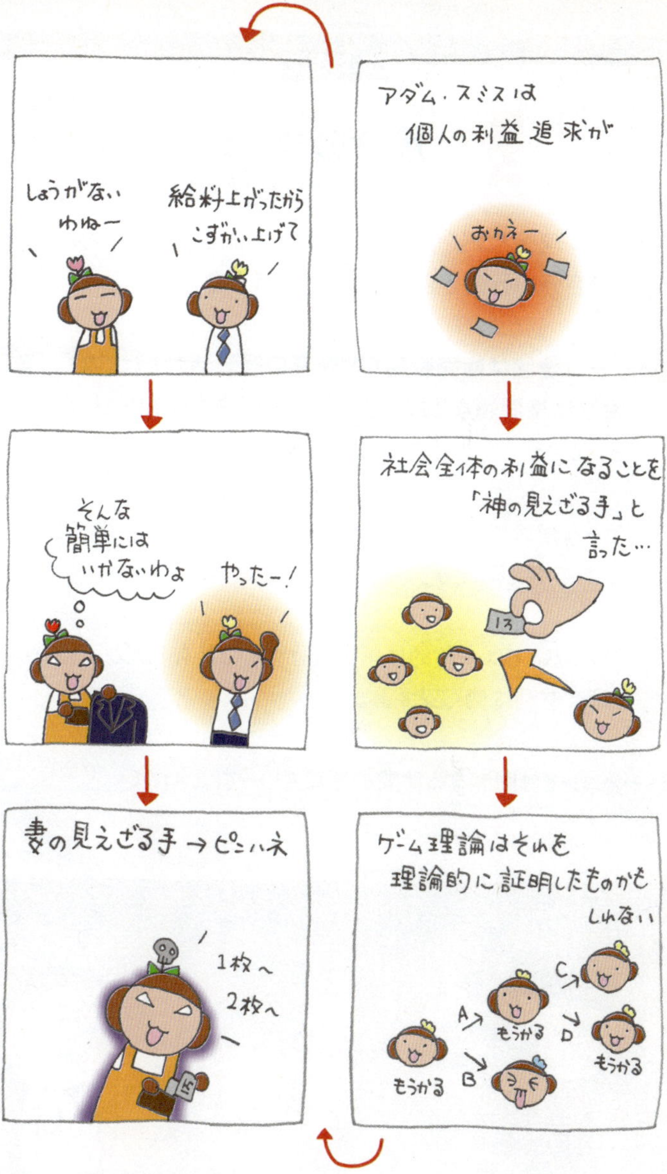
アダム・スミスは
個人の利益追求が
おカネー
社会全体の利益になることを
「神の見えざる手」と
言った…
ゲーム理論はそれを
理論的に証明したものかも
しれない
C
A
もうかる
D
もうかる
B
もうかる
給料上がったから
こずかい上げて
しょうがない
わねー
やったー!
そんな
簡単には
いかないわよ
妻の見えざる手→ピンハネ
1枚〜
2枚〜

序章のまとめ

・ゲーム理論とは競争相手の行動を予測しながら、もっとも得する自分の行動を合理的に決める考え方

・ゲーム理論は販売戦略など企業の経済活動だけでなく、政治や環境問題などさまざまな問題を解決する手段として活用されている

・ゲーム理論では自分の行動だけでなく、相手の立場になって戦略を考えることが大事

・対人戦略では一般的に選択肢は多いほど有利だが、少ないほうが有利に働くこともある

・合コンでは同席する仲間の悪口をいってはいけない

第 1 章

ゲーム理論の基本と支配戦略

最初にゲーム理論の基本的な考え方やルール、種類を説明します。またプレイヤーが最大の利益を得られるような戦略の見つけ方、相手の戦略にかかわらずに有利に進められる「支配戦略」などを解説します。

ゲーム理論の基本要素①
～プレイヤー～

ゲーム理論ではゲームを3つの要素に分解することができます。

1. プレイヤー
2. 戦略
3. 利得

1. プレイヤー

登場する企業や個人をプレイヤーと呼びます。ゲームによってプレイヤーは2人、3人、複数とさまざまです。1対1のこともあれば、企業対企業のようなケースも存在します。

ゲームの前提条件としてプレイヤーは、下記のような基本的原理で行動すると設定しています。

- **自分の利得が最大となるように行動する**
- **合理的にものを考え自分が損する行動を取らない**
- **勘違いや思い違いはしない**

実際の人間はいつもかならず合理的な行動を取るとはかぎりません。最大の利益を常に求めているわけではありませんし、思い違いや勘違いもします。しかしゲーム理論ではプレイヤーは自分の利益になることを考え、ミスのない形で行動します。相手が最大級自分のメリットになる行動を予測することで、最善の戦略が見えてくるからです。自分の最適な行動は他プレイヤーの行動によって変わり、他プレイヤーにとって最適な行動は自分の行動によって変化します。

プレイヤーは勘違いや思い違いをしませんが、自分の利得のためなら執拗に交渉し、協定を使い約束を取りつけ、時には強迫することもあります。ゲーム理論の世界でもプレイヤーはさまざまな手を使って自分の利得確保に奔走するのです。

ゲーム理論の基本要素②
～戦略、利得～

2. 戦略

戦略とはゲームのなかでプレイヤーが目的達成のためにどのような行動をするかという計画、行動予定のことです。価格を競争している店舗の場合なら「100円」「80円」といった商品の販売価格になります。じゃんけんならば、相手と勝負をするときに「グー」「チョキ」「パー」のなかからどの手をだすかというのが戦略になります。

ゲーム理論ではさまざまな戦略的な状況が登場します。自分にもたらされる結果が自分の行動だけで決まるのではなく、他人の行動によっても左右されることを忘れず考えなくてはなりません。

3. 利得

利得とはプレイヤーの利益のことです。利得はゲームによって金銭であったり、商品の販売数であったり、単位もさまざまです。価格を競争している店舗の場合なら利益が利得になります。また、じゃんけんの勝ち負けなど単純に数値化できないこともあります。その場合は勝ちを「1」、負けを「−1」、あいこを「0」などと設定して、数値的に比較できやすくすることがあります。

ゲーム理論では「プレイヤー」が自分の「利得」が最大になるようにどの「戦略」を選択すべきか、単純化して客観的にわかりやすく見ることができます。それにより自分に最適な行動を選択でき、大きなメリットを生むようになるのです。

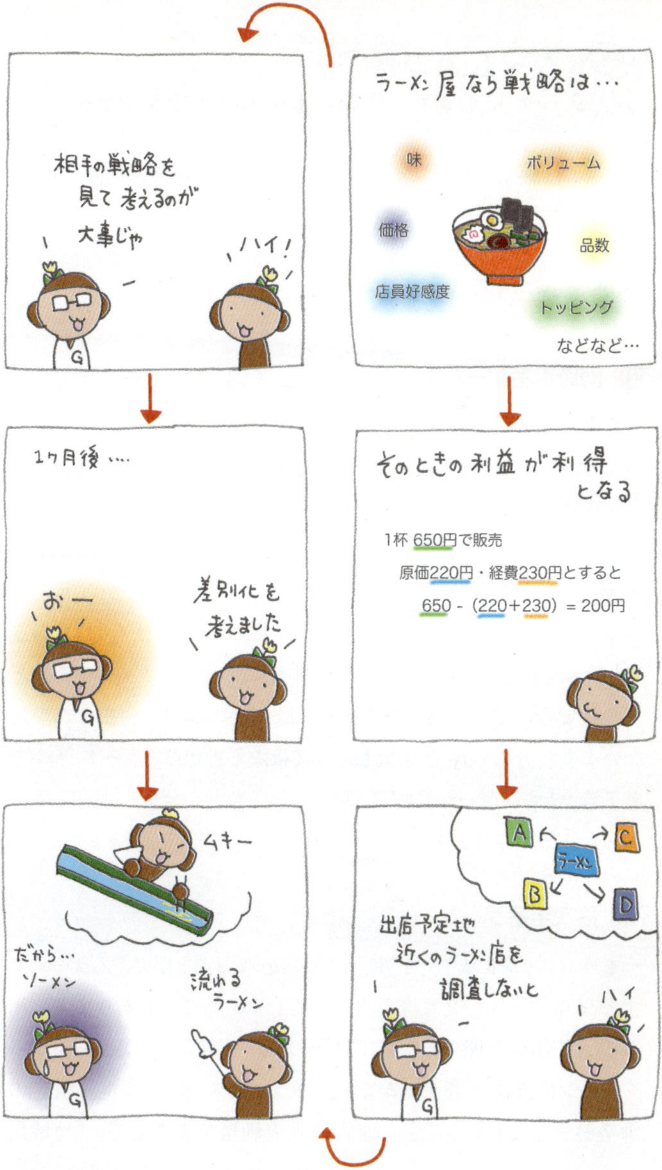
ラーメン屋なら戦略は…
味
ボリューム
価格
品数
店員好感度
トッピング
などなど…
そのときの利益が利得となる
1杯 650円で販売
原価220円・経費230円とすると
650 - (220+230) = 200円
出店予定地近くのラーメン店を調査しないと
A
C
ラーメン
B
D
ハイ
相手の戦略を見て考えるのが大事じゃ
ハイ!
1ヶ月後….
おー
差別化を考えました
ムキー
だから…ソーメン
流れるラーメン

ゲームの種類①
～ゲームの進行／同時手番ゲームと逐次手番ゲーム～

ゲームは戦略をだすタイミングが重要です。相手と同時に戦略をだすのか、それとも相手の手を見てから戦略をだせるのかで状況は大きく変わります。ゲーム理論ではこの2つの戦略行動の進行について分けて考えます。

同時手番ゲーム

相手と同時に行動を取るゲームです。同時ゲーム、同時進行ゲームといわれることもあります。発売のタイミングがいっしょである新聞や週刊誌、同時期に発売になるレストランの新メニュー戦略などは同時手番のゲームです。簡単な例だとじゃんけんは同時手番ゲームです。もしじゃんけんで、相手の手を見てから手を変えることをすると「後だし」といわれ、未来永劫「卑怯もの」というレッテルを貼られかねません。ゲームは戦略をだすタイミングがとても重要なのです。同時手番ゲームは相手の戦略、行動がわからないまま自分の戦略を選択しなくてはなりません。ゲーム理論で有名な「チキンゲーム」「囚人のジレンマ」などのゲームは同時手番ゲームに分類されます。

逐次手番ゲーム

もう1つはプレイヤーが順番に行動を取ることができるゲームです。交互ゲーム、交互進行ゲームといわれることもあります。相手の入札価格を聞いてから、自分の価格が設定できるネットオークションは逐次手番ゲームです。ドラッグストアや家電量販店の価格競争などもそうです。他店の販売価格を調査して、「地域最安値」とPOPをつくり、自店の販売価格を決めています。身近なものでは将棋や麻雀、ポーカーなども相手の手によって自分の戦略を変化させるので逐次手番ゲームです。相手と順番で行うことが重要なのではなく、相手の戦略を見てから自分の戦略を考え、変化させることができるのがポイントです。

●同時手番ゲームの例

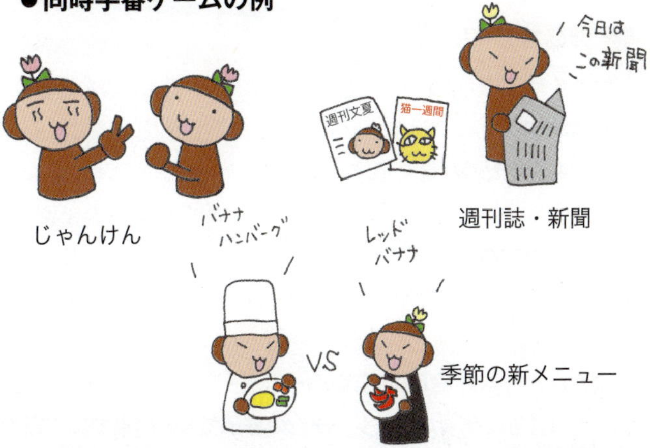

●逐次手番ゲームの例

ゲームの種類②
～プレイヤー協力関係／非協力ゲームと協力ゲーム～

ゲーム理論ではプレイヤー同士が協力、提携する協力ゲームとしない非協力ゲームがあります。ゲーム理論では非協力ゲームを中心に解説されていて、本書でも非協力ゲームを多く取り上げています。

非協力ゲーム

プレイヤー同士の協力、提携（契約関係）の要素がないとされるゲームです。それぞれのプレイヤーは相手と協力することなく、みずからの最大の利得を追求します。販売戦略や視聴率競争など、経済活動においては重要な考え方です。相手の戦略を予測しながら自分の戦略を決める麻雀や将棋のようなゲームも非協力ゲームになります。

また、ゲーム理論には協調ゲームというものがあります。協調ゲームの身近な例はエスカレーターの様子です。関東では右側を、関西では左側を空けて立ちます。しかしこれは、「こちら側を空けることでお互いのメリットが高くなるのでそうしよう」と話し合われた結果ではありません。郷に入っては郷に従えというように、現場の暗黙のルールに従っているだけです。このルールには従わなければ罰せられるような拘束力はありませんが、多くの人はお互いの利益を高め合うために協調するのです。

ややこしいのですが、協調ゲームは非協力ゲームの1つといえます。

協力ゲーム

複数のプレイヤーによる交渉、提携が可能であるとされるゲームです。交渉、提携で得た合意、ルールには拘束力があり、プレイヤーはそのルールに従って戦略を決定します。複数のプレイヤーによる利益配分を行うゲームなどは協力ゲームになります。非協力ゲームと比較するとより複雑で政治的な側面も多く、最近ようやく発展、多用されるようになってきました。

代表的なゲームモデル

●非協力ゲーム

（プレイヤー同士で交渉が行われないゲーム）

- チキンゲーム
- 囚人のジレンマ
- 男女のバトル
- 協調ゲーム など

●協力ゲーム

（交渉が行われ、合意がプレイヤーを拘束する）

- タクシー割り勘の協議
- 芸人グループのギャラ配分 など

ゲームはプレイヤー同士の関係でこのように分類できます

ゲームの種類③
～プレイヤーの情報のもち方、利得の総和～

ほかにもゲームは、プレイヤーの情報のもち方や利得の総和によって分類されます。

（情報のもち方）

完全情報ゲーム

相手の取った行動や現在の情報がすべて明らかになっているゲーム。たとえばチェスや将棋はいままでに取った行動の戦略や状態を観察できます。自分が取った駒も相手から見えます。したがって完全情報ゲームといえます。

不完全情報ゲーム

ほかのプレイヤーが行動するときに、それまでの相手の行動や選択肢がわからないもの。相手の選択肢がわかってもどの選択肢を選んでくるかわからないゲームは不完全情報ゲームといえます。たとえばポーカーや麻雀は相手の手が最後までわかりません。明らかになっていない情報があるので不完全情報ゲームといえます。また同時手番ゲームは相手の手が最後まで明らかにならないので不完全情報ゲームといえます。

情報はほかにも「情報完備ゲーム／情報不完備ゲーム」「情報対称ゲーム／情報非対称ゲーム」などにも分類されることがあります。「情報完備ゲーム」とは、ゲームのルールやプレイするのに必要な情報がプレイヤー間で共有されているゲームのことをいいます。

（ゲームの利得の総和）

定和ゲーム

プレイヤーの利得の和が常に一定値となるゲームです。「A社がシェア65％、B社がシェア35％」のように一定の数値を取り合うゲームは定和ゲームです。

定和ゲームのなかでプレイヤーの利得の総和がゼロになるものを「ゼロサムゲーム」といいます（P.82参照）。じゃんけん、将棋、碁、サッカー、野球など2チームが対戦する球技などはゼロサムゲーム（勝ちと負けの総和がゼロ）となります。

非定和ゲーム

プレイヤーの利得の和が常に一定にならないゲームです。企業間の売上競争やオークション、保険金額と加入者数の関係などを表した一般的なゲームは非定和ゲームといえます。

●戦争は代表的なゼロサムゲーム

ゲームの表現形式
～戦略型と展開型～

ゲーム理論の基本として初めに覚えておきたい重要な表現形式が2つあります。同じゲームでも情報量や手番の数、比較するものなどで表現形式を選ぶのがよいでしょう。

戦略型

プレイヤー、戦略、利得を表にしてまとめる表現で標準型ともいわれます。一覧にまとめた表は利得表（利得行列）と呼ばれているものです。ゲームの目的は利得を最大にすることで、競争相手に勝つということではありません。戦略型はゲームの目的である最大の利得とプレイヤーの戦略との関係をわかりやすく表現した形となっています。同時手番ゲームは展開型にする必要がないので、戦略型で表現します。戦略型の書き方と使い方は第1章、第2章でくわしく解説します。

展開型

ゲームの木とも呼ばれる、点と棒を用いたグラフ形式で描かれたものです。下から上に描くと分岐点から選択によって広がりツリー状に見え、展開を考えるのがわかりやすくなります。下から上に展開していく表記、もしくは左から右に展開していく表記が一般的です。相手の出方によって自分の戦略が変化したり、戦略の展開が複雑で情報量が多いときは展開型で表記するとわかりやすいです。くわしくは第5章で解説します。

●戦略型

		プレイヤー B	
		戦略 1	戦略 2
プレイヤーA	戦略1	利得 1	利得 3
	戦略2	利得 2	利得 4

これが利得表と呼ばれる
戦略型表記です。
戦略と利得が一覧に
なっています。
利得には数値を入れて
比較しやすくするのが
一般的です

競合する居酒屋とやきとり屋の
ビールの価格を戦略とする場合、
居酒屋の利得表は、たとえば下記のようになります

ビール飲みたい…

		やきとり屋	
		600円	500円
居酒屋	600円	5万円もうかる	3万円もうかる
	500円	7万円もうかる	4万円もうかる

居酒屋の利得表

●展開型

居酒屋とやきとり屋のビールの価格を戦略とする場合、
展開型で表記すると下記のようになります

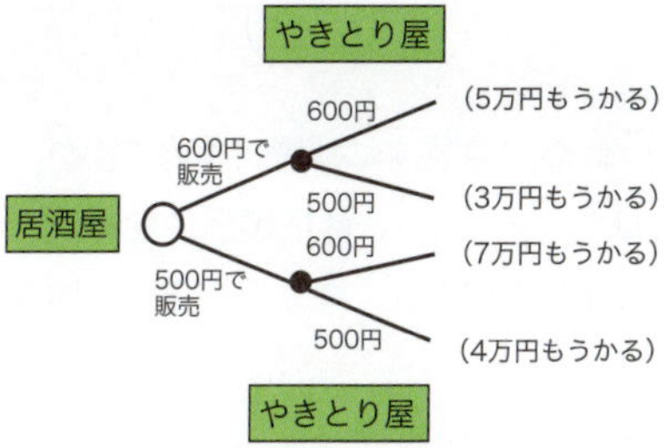

バナナ…
もぐもぐ

なぜ牛丼屋、弁当屋は値段を下げるのか？
～弁当屋の販売戦略／強支配戦略① その1～

では具体的にゲームを解いてみましょう。牛丼チェーン、ファストフード店などは、味の追究だけでなく価格競争に陥ってしまいがちです。他チェーン店が値段を下げると追随するように値段が下がります。これはどうしてなのでしょうか？　ある弁当屋の同時手番ゲームである価格戦略を通して探ってみましょう。

例題1-1／弁当屋の価格設定

あるオフィス街にある弁当屋のA店とB店。味もサービスもほぼいっしょの評価でしのぎを削っています。A店とB店は弁当の販売価格は500円均一ですが、両店ともに互いの店舗の価格が気になり、利益を削って450円で販売するかどうか悩んでいます。原価や人件費、光熱費は弁当1個あたり250円で、両店とも同一と仮定します。これ以上削減できません。2つの店舗を利用するお客様は400人。両店の評価はほぼいっしょなので、価格が安い店舗の弁当を8割の人が買います。そして価格が同じ場合は半数の人がA店とB店で購入すると仮定します。あなたがA店の経営者だったとして、より多くの利益をだすために価格をいくらにしますか？

A店はB店よりも安い価格で勝負すれば勝てるのですが、全体の利益が減るので価格はキープしたい。価格競争に巻き込まれた店舗は消耗戦です。それでも値引くか、値段を変えずに勝負するのか、どうすればいいでしょう？

戦略型形式である「利得表」を用いて考えてみましょう。

		プレイヤーB	
		戦略 1	戦略 2
プレイヤーA	戦略1	利得 1	利得 3
	戦略2	利得 2	利得 4

この例題では
プレイヤーは弁当屋になります
　プレイヤーA　→　A店
　プレイヤーB　→　B店　となります

戦略は弁当の販売価格で
　戦略1　→　500円
　戦略2　→　450円　となります

利得表に書き込むと下記のようになります

		B店	
		500円	450円
A店	500円	利得 1	利得 3
	450円	利得 2	利得 4

利得1　→　A店が500円、B店が500円で
　　　　　販売したときのA店の利益です

なぜ牛丼屋、弁当屋は値段を下げるのか？
～弁当屋の販売戦略／強支配戦略① その2～

利得表の「利得」を計算してみましょう。A店の利得表を考える場合、A店の視点で考えます。利得表にある「利得1」は、A店が弁当を500円で販売し、B店が500円で販売した場合のA店の利益になります。

この場合、弁当1個の利益は販売価格の500円から経費・原価である250円を引いた250円になります。両店ともに同じ販売価格なので400人の半分である200人が弁当を購入します。

したがって250円×200人の50,000円がA店の利益である利得1になります。

利得2はA店の弁当販売価格450円から経費・原価の250円を引きますので、弁当1個あたりの利益は200円になります。B店よりも価格が安いため、400人の8割（320人）が購入してくれますので、200円×320人＝64,000円が利得になります。

利得3はA店の弁当販売価格500円から経費・原価の250円を引きますので、弁当1個あたりの利益は250円になります。ところがB店よりも価格が高いため、400人の8割（320人）がB店で購入されてしまいます。そのため250円×80人＝20,000円が利得になります。

利得4はA店の弁当1個あたりの利益は200円になります。B店と価格が同じため、400人の半数200人が購入してくれますので、200円×200人＝40,000円が利得になります。

・弁当1個の利益は

500円(販売価格) − 250円(経費・原価)=250円

・総利益は

250円(弁当利益)×　200人　= 50,000円

利得1の欄には
5万円を記入します

		B店	
		500円	450円
A店	500円	5万円	利得3
	450円	利得2	利得4

同様にほかの利得も計算してみましょう

・利得2

200円(弁当利益)×　320人　= 64,000円

・利得3

250円(弁当利益)×　80人　= 20,000円

・利得4

200円(弁当利益)×　200人　= 40,000円

		B店	
		500円	450円
A店	500円	5万円	2万円
	450円	6.4万円	4万円

うんうん

表1-1　A店の利得表

なぜ牛丼屋、弁当屋は値段を下げるのか？
～弁当屋の販売戦略／強支配戦略① その3～

では利得表から最善の戦略を求めましょう。最善の戦略とはプレイヤーの利得が最大となる弁当の販売価格のことです。

B店が弁当を500円で販売した場合、A店は500円で販売すると5万円の利得が生まれます。450円で販売すると6.4万円の利得です。B店が弁当を500円で販売した場合、A店は450円で販売するほうが得になります。そこでわかりやすくするために、利得の低いほうを赤線で消してみましょう（**表1-2**）。

B店が弁当を450円で販売した場合、A店は500円で販売すると利得は2万円です。450円で販売すると4万円の利得になります。B店が弁当を450円で販売した場合、A店は450円で販売するほうが得になります。低い利得を消します（**表1-3**）。

表1-4を見ると、A店はB店の販売価格にかかわらず450円で販売したほうが得をすることがわかります。

ゲームのなかにはこのように相手の戦略にかかわらず、常に自分が有利、不利になる戦略があることがあります。プレイヤーのある戦略Aがほかの戦略をすべて支配するような場合、戦略Aを支配戦略と呼びます。そして相手がどのような戦略を選択しても、常にほかの戦略よりも大きな利得を生む場合、「強支配戦略」があるといいます。例題の場合、弁当の450円戦略は500円戦略を強支配しているといえます。

		B店	
		500円	450円
A店	500円	5万円	2万円
	450円	6.4万円	4万円

表1-1　A店の利得表

		B店	
		500円	450円
A店	500円	~~5万円~~	2万円
	450円	6.4万円	4万円

表1-2

B店500円の場合
A店の利得が少ないほうを
消してみました

		B店	
		500円	450円
A店	500円	~~5万円~~	~~2万円~~
	450円	6.4万円	4万円

表1-3

B店450円の場合
A店の利得が少ないほうを
消してみました

		B店	
		500円	450円
A店	500円	~~5万円~~	~~2万円~~
	450円	6.4万円	4万円

表1-4

A店はB店の
戦略にかかわらず
450円の戦略を
取るほうが得をします

おー
なるほど

なぜ牛丼屋、弁当屋は値段を下げるのか？
〜弁当屋の販売戦略／強支配戦略① その4〜

表1-4のA店の利得表を眺めてみると、A店「450円戦略」B店「450円戦略」の利得4万円より、A店「500円戦略」B店「500円戦略」の利得5万円のほうが高いのだから、A店は「500円戦略」を取るケースがあってもいいのではないか？ と思う方もいるかもしれません。

しかしB店が「500円戦略」を取った場合は、A店の最適な判断は500円ではなく、450円です。そのほうが利益は余計に1.4万円も高くなります。さらにB店も合理的に利益追求を考えますので、単価を500円から450円に下げるでしょう。するとあなたの利得は2万円になり、当初の4万円より下がってしまいます。

支配戦略があるゲームは、支配戦略を選択するのが利益をもっとも高くする選択になります。これがゲームの解となります。相手がどんな戦略を取っても、自分のほかの戦略では利得がそれ以上になりません。したがってゲームの解を求めるときは、こうした支配戦略があるかどうか最初に調べてみるのがいいでしょう。

価格志向で商品が選ばれてしまう傾向が強いと、価格を下げる戦略が利益をつくる。このゲームモデルを見ると、ついつい外食産業が価格競争になってしまう理由が想像できると思います。

今回はA店の利得表を書きましたが、同じようにB店にも利得表は存在します。ゲーム理論ではこの2人のプレイヤーの利得表を合算して書くことが一般的です。わかりにくいと感じたら、最初はプレイヤーごとに分解して書いてもいいでしょう。

		B店	
		500円	450円
A店	500円	~~5万円~~	~~2万円~~
	450円	6.4万円	4万円

表1-4

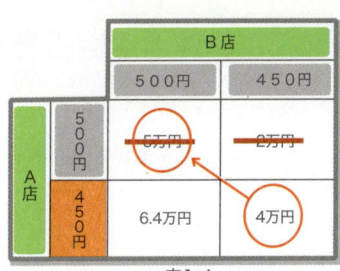

4万円よりも5万円のほうが高いのだから、相手の戦略次第で500円戦略でもいいのでは?と感じる人がいるかもしれません

		B店	
		500円	450円
A店	500円	~~5万円~~	~~2万円~~
	450円	6.4万円	4万円

表1-4

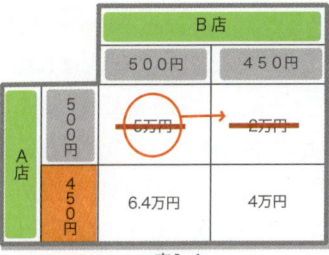

B店が500円戦略を取った場合、最適なのは450円戦略であり、さらにB店も合理的に考えて450円戦略にしてくる。
A店が価格を500円のままにするとその利得は2万円になってしまう

		B店	
		500円	450円
A店	500円	5万円	2万円
	450円	6.4万円	4万円

表1-1　A店の利得表

		B店	
		500円	450円
A店	500円	5万円	6.4万円
	450円	2万円	4万円

表1-5　B店の利得表

		B店	
		500円	450円
A店	500円	5万円, 5万円	2万円, 6.4万円
	450円	6.4万円, 2万円	4万円, 4万円

表1-6　A店・B店の利得表

A店の利得を左に、B店の利得を右にまとめて書きます。
これがこのゲームの利得表です

成績評価ゲームでよい評価を得る方法
～強支配戦略② その1～

強支配戦略がある例題をもう1つ考えてみましょう。ある大学の入札式の成績評価方法です。大学生になったつもりで、このゲームを解いてください。

例題1-2／成績評価ゲーム

ある大学の教授がちょっと変わった試験を実施しました。試験用紙には自分の名前と「α」か「β」のどちらかだけを書くというものです。回収した用紙は無作為に2組ずつに分けられて照らし合います。もし、あなたが「α」でもう1枚の用紙に「α」が書かれていたら、あなたの成績はCになります。もう1枚が「β」だったらあなたの成績はAです。もしあなたが「β」と書き、もう1枚の用紙に「α」が書かれていたら、あなたの成績はDになります。もう1枚が「β」だったらあなたの成績はBです。成績はよい順番からA、B、C、Dとなります。自分がいちばん得するためには、用紙には「α」と「β」のどちらを書くべきでしょうか？

プレイヤー

プレイヤーは「自分」、そして比較相手は誰になるかわかりませんから、ここでは「相手」としておきましょう。

戦略

「α」か「β」のどちらかになります。

利得

戦略によって得られる利得はA、B、C、Dのいずれか。Aがもっとも高い成績で、Dがもっとも低い成績になります。

		相手	
		α	β
自分	α	C	A
	β	D	B

表1-7　自分の利得表

		相手	
		α	β
自分	α	C	D
	β	A	B

表1-8　相手の利得表

		相手	
		α	β
自分	α	C, C	A, D
	β	D, A	B, B

表1-9　成績評価ゲームの利得表

アルファ別途……
なんちゃって

アルファベットだとわかりにくい人は
別途、数値化してみると
いいかもしれません
たとえば
A … 2
B … 1
C … 0
D … -1

		相手	
		α	β
自分	α	0, 0	2, -1
	β	-1, 2	1, 1

表1-10

成績評価ゲームでよい評価を得る方法
～強支配戦略② その2～

では利得表から最善の戦略を求めましょう。最善の戦略とはプレイヤーの利得が最大となる成績のことです。

相手が「α」を選択した場合、自分の成績は「α」を選択するとCになり、「β」を選択するとDになります。したがって「α」を選択するほうが高い利益があるので、利得の低い戦略を消します(表1-11)。

相手が「β」を選択した場合、自分の成績は「α」を選択するとAになり、「β」を選択するとBになります。したがって「α」を選択するほうが高い利益があるので、利得の低い戦略を消します(表1-12)。

すると相手が「α」「β」のどちらの戦略を取ったとしても、自分は「α」を選択するほうが高い利得を得られることがわかります(表1-13)。

相手がどちらの戦略を選んでも、自分のある戦略が有利になるケース。このような場合、自分の戦略「α」が戦略「β」を強支配しているといいます。この「相手がどちらの戦略を選んでも」というのがポイントです。支配戦略がある場合は、支配戦略を選択することが高い利得を得るための正しい選択になります。

		相手	
		α	β
自分	α	C	A
	β	~~D~~	B

表1-11　自分の利得表

		相手	
		α	β
自分	α	C	A
	β	D	~~B~~

表1-12　自分の利得表

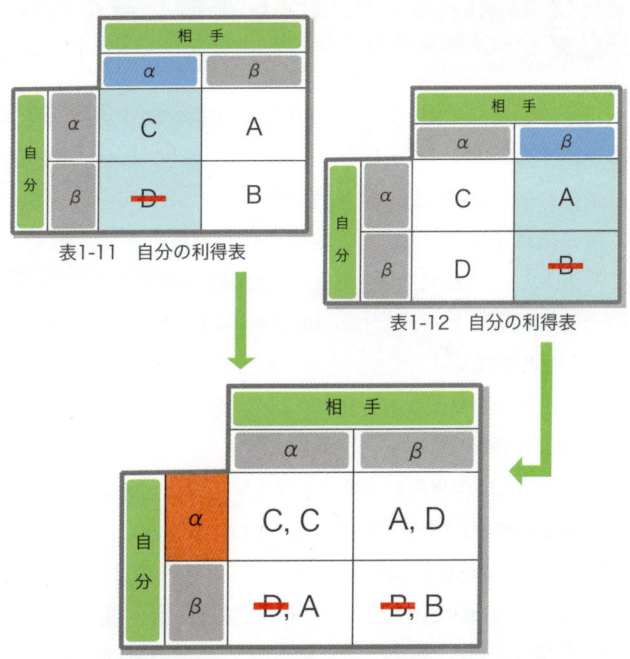

		相手	
		α	β
自分	α	C, C	A, D
	β	~~D~~, A	~~B~~, B

表1-13　成績評価ゲームの利得表

ボクも支配されたいな〜

相手が「α」「β」のどちらを選択しても
自分は「α」を選択するほうが
利得が高くなります。
つまり「α」が「β」を
強支配していると
いえます

成績評価ゲームでよい評価を得る方法
～強支配戦略② その3～

自分の戦略「α」が「β」を強支配しているので、「α」を選択することが利得の高い選択になると説明しました。しかし、なかには納得しない人がいるかもしれません。

確かに自分視点で考えたら戦略「α」を選択するのが賢い。ところが、もしお互いに「β」を選択したらどうでしょう？ 自分が「α」を選択するということは、相手も「α」を選択する可能性が高い。すると成績はCです。ところが、もしお互いに「β」を選択したら成績Bを確保することができる。そちらのほうが得をすると思う人もいると思います。

しかしそれは合理的に考えると正しいとはいえません。このゲームでは試験中に誰かと共謀することはできません。そもそも誰とパートナーになるかもわかりませんから、相手がなにを書くかはわかりません。仮に驚くことに超能力があり、自分以外の全員が「β」を選択したことがわかったとしていても、合理的に考えるなら「α」を選択するほうが得をするからです。相手の戦略が「β」ならば、自分は「α」を選択すれば成績はAになります。

では強支配戦略があるゲームのポイントをまとめてみます。

- **ゲームを解く場合、利得表から支配戦略があるか調べる**
- **支配戦略があるゲームは支配戦略を選択することが最善である**
- **支配戦略を選択してもかならず利得が最大になるとはかぎらない**

		相　手	
		α	β
自分	α	C, C	A, D
	β	~~D~~, A	~~B~~, B

表1-13　成績評価ゲームの利得表

「α」を選択すると……
成績はCかA。
でも相手が「β」だったら……
「β」を選択したら成績はBになる。
Cになるよりいいんじゃないのかな〜

それはダメだね
なぜなら相手が「β」を書くことは
事前にわからない

		相　手	
		α	β
自分	α	C	~~D~~
	β	A	B

表1-14　相手の利得表

		相　手	
		α	β
自分	α	C	D
	β	A	~~B~~

表1-15　相手の利得表

		相　手	
		α	β
自分	α	C, C	A, ~~D~~
	β	D, A	B, ~~B~~

表1-16　成績評価ゲームの利得表

なるほど〜

さらに
相手も合理的に
考えるから
「α」を選択する
んだよ

神は信じるほうが得か、信じないほうが得か？
～パスカルの賭け／弱支配戦略①～

では少し変わった支配戦略がある例題をもう1つ。「人間は考える葦である」という名言やさまざまな数学の定理を残した哲学者・数学者のパスカルが提案した考え方の「パスカルの賭け」というものです。

（例題1-3）パスカルの賭け

パスカルは神を信じたほうが信じないほうより得だといいます。神を信じると「永遠の命と幸福を得る」ことが、信じなければ「真と善を失う」といいます。私たち人間はパスカルがいうように信仰するほうが得なのでしょうか？ それとも信じないほうが得でしょうか？

プレイヤー

1人は「人間」、もう1人は神がいるかいないかの戦略を取る存在なので、「現実」「自然」とするのがいいでしょう。

戦略

人間の戦略は「信仰する」「信仰しない」、現実（自然）の戦略は「神はいる」「神はいない」を選択すると考えます。

利得

わかりにくいので数値化してみましょう。「永遠の命と幸福を得る」を本当に得られるならば、その利益は大きいでしょう。そこで利得を100と設定します。次に「真と善を失う」のは－50と設定してみましょう。

少し抽象的な問題なのでわかりにくいかな?
そんなときは利得を数値化して合理的に比較してみましょう

現実に神がいるとして

・信じると「永遠の命と幸福を得る」
→　100としよう

・信じないと「真と善を失う」
→　これは人によって利得が違いそうですね

ー1ぐらいかな……
「善」とか食べられないし……

そうなんだけど……
ー1の人もいれば
ー100という人もいるかもね。
では中間をとってー50にして
考えてみよう

神はいないときは
人間の利得は両方とも0でいいね

するとこんな利得表になりました

		現実	
		神はいる	神はいない
人間	信仰	100	0
	無信仰	-50	0

表1-17　人間の利得表

神は信じるほうが得か、信じないほうが得か？
～パスカルの賭け／弱支配戦略②～

では支配戦略を調べてみましょう。現実に「神はいる」場合、人間の戦略は「信仰」するほうが得になります。「無信仰」の利得－50を消します（表1-18）。続いて現実に「神はいない」場合、両方とも同じ値なので、数値を消すことができません（表1-19）。

現実に「神がいる」場合は、人間は「信仰」するほうが得なのはわかります。ところが「神はいない」場合、人間が得られる利得はどちらも同じです。戦略の1つには支配戦略があるが、もう1つの戦略の利得は同じ（表1-20）。このような場合、人間の戦略「信仰」は、「無信仰」を弱支配しているといいます。

強支配戦略は相手がどちらの戦略を選んでも、自分のある戦略が有利になるケースでした。弱支配戦略は相手がどちらの戦略を選んでも、自分のある戦略が有利もしくは同等になるケースのことをいいます。

支配戦略があるゲームは支配戦略を選択することが最善であるため、弱支配戦略であったとしても人間は「信仰」を選ぶほうが得をするのです。

現実には神はいるかいないかわからない。しかし合理的にゲーム理論で考えるなら、もし神がいた場合、信仰するほうが得をすると教えてくれます。仮に「真と善を失う」ことが利得的に「0」、善を失うことに動じない精神的強者がいたとしても、信仰によってなにかしらの得るものがあれば、「神がいる」「いない」にかかわらず信仰するほうが得をすることもわかります。

		現　実	
		神はいる	神はいない
人間	信仰	100	0
	無信仰	~~-50~~	0

表1-18　人間の利得表

		現　実	
		神はいる	神はいない
人間	信仰	100	0
	無信仰	~~-50~~	0

表1-19　人間の利得表

		現　実	
		神はいる	神はいない
人間	信仰	100	0
	無信仰	~~-50~~	0

表1-20　人間の利得表

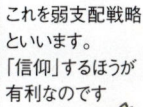

第1章のまとめ

・ゲームは「プレイヤー」「戦略」「利得」の3つの要素がある

・プレイヤーは自分の利得が最大になるように行動し、勘違いや思い違いをしない

・ゲームの表現形式には戦略型の「利得表」と展開型の「ゲームの木」がある

・利得表からゲームを解く場合、最初に支配戦略があるか調べる

・支配戦略があるゲームは支配戦略を選択するのが最善である

第 2 章

ナッシュ均衡

ゲームの解であり理論の中核をなすナッシュ均衡について、実例を見ながらくわしく説明します。ゲーム理論で有名なゲームモデルである「男女の争い」も登場します。

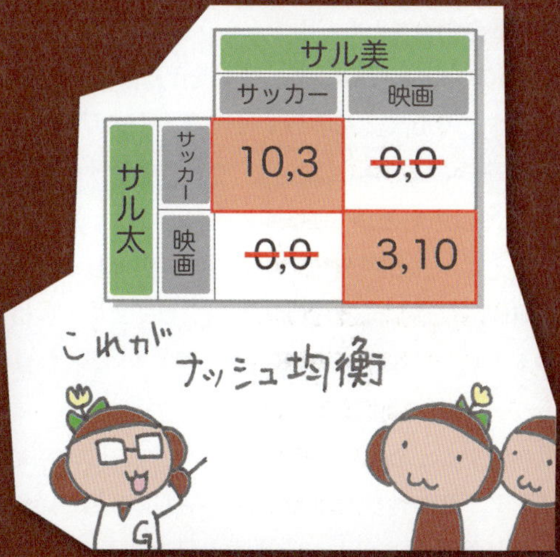

プレイヤーが互いに最適反応しているゲームの解
～ナッシュ均衡とは？①～

数学者ジョン・ナッシュによって考案されたゲームの解決法があります。ゲーム理論においては、プレイヤーは自分の利得が最大となる戦略を選ぼうとします。ナッシュはこの基本原理を最適反応と呼びました。プレイヤーが互いに最適反応をしている戦略の組み合わせがゲームの解になります。ゲームの解は一種の均衡状態にあり安定しています。プレイヤーはその均衡状態からほかの戦略に移ると利得が減るので動こうとはしません。その均衡状態のことを、彼の名を取ってナッシュ均衡と呼びます。

簡単にいってしまえばナッシュ均衡は、すべてのプレイヤーが自分の戦略に満足して、結果に後悔しない状態のことをいいます。

簡単なゲームを考えてみましょう。プレイヤーは兄と弟の2人。2人は祖父から合わせて100万円をもらうことになりました。2人は同時に0～100万円までの好きな金額を1万円単位で申告することができます。そして2人の合わせた額が100万円以下なら、申告した金額をそのままもらえます。もし100万円を超してしまったらなにももらえないというルールです。

ふつうに考えたら50万円を申告するのが無難でしょう。兄も弟も50万円を申告した場合、合計100万円なので2人とも祖父からお金がもらえます。これはナッシュ均衡です。兄も弟も自分の戦略に満足して、結果に後悔しない状態です。

しかし、もし兄ががめつい性格で、いつも弟の倍は求めてくる性格だとします。兄の性格を知っている弟は50万円というと自分がもらえない可能性が高いと考えます。兄は自分の倍を申告すると思い、弟は自分の利益が最大になる最適反応として33万円を申告するでしょう。

そうして提示金額は弟33万円と兄67万円になりました。これもナッシュ均衡です。ところが弟の33万円の申告に対して、兄がいまひとつ不安になっていつものように強気になれず50万円しか申告しなかったとします。弟33万円、兄は50万円。2人の合計は100万円以下なので、2人とも申告金をもらえますが兄弟はきっと後悔するでしょう。兄はあと17万円もらえたのに残念と、弟も50万円としておけばよかったと後悔します。したがって弟33万円、兄50万円はナッシュ均衡ではありません。

ナッシュ均衡は相手が減らさなくては自分の利得は増やせない、単独では戦略変更できない状態ともいえます。ナッシュ均衡ではプレイヤーはお互いに協力することなく、相手の行動は変えられないと仮定されます。

合計100万円になる組み合わせがたくさんあるように、人のゲームにおけるナッシュ均衡は1つとはかぎらず、複数ある場合があります。

プレイヤーが互いに最適反応しているゲームの解
～ナッシュ均衡とは？②～

では具体的に第1章の例題1-2で説明した成績評価ゲームを例にとって、ナッシュ均衡の求め方を説明します。例題1-2の問題で、自分の最適反応は、相手の戦略にかかわらず「α」でした（表1-13）。戦略「α」は戦略「β」を強支配していました。また相手の最適反応も自分の戦略にかかわらず「α」でした（表1-21）。

この2つの利得表を重ねてみます。すると赤線が引かれていないセル（利得を囲んでいる四角）があるのに気づきます。これが互いに最適反応をしている戦略の組み合わせであり、この組み合わせこそがナッシュ均衡になります（表1-22）。

ナッシュ均衡はプレイヤー全員が最適の戦略を選択し、これ以上戦略を変化させる必要がない安定的な状態になる戦略の組み合わせです。自分は相手が「α」を選択しているかぎり利得が下がるので、ほかの戦略である「β」に乗り換えられません。一方、自分が「α」を選択しているかぎり、相手も戦略を変えられません。それは均衡状態であるといえます。

ナッシュ均衡は各プレイヤーの最適反応なのですが、かならずしもゲームにおけるいちばん高い利得を手にするとはかぎりません。例題1-2の場合、最高の成績はAなのですが、2人のプレイヤーはそこにたどり着くことはできないのです。

自分＼相手	α	β
α	C, C	A, D
β	~~D~~, A	~~B~~, B

表1-13　（自分視点）

自分＼相手	α	β
α	C, C	A, ~~D~~
β	D, A	B, ~~B~~

表1-21　（相手視点）

自分＼相手	α	β
α	C, C	A, ~~D~~
β	~~D~~, A	~~B~~, ~~B~~

表1-22

自分と相手ともに「α」を選択した状態がナッシュ均衡であるといえます

自分＼相手	α	β
α	C, C	A, ~~D~~
β	~~D~~, A	~~B~~, ~~B~~

「α」から「β」に戦略を変化させると利得が小さくなってしまうので戦略「α」を変えることができない

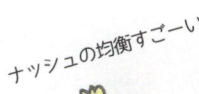

デートは相手に合わせるべきか否か？
～男女の争い／ナッシュ均衡① その1～

ナッシュ均衡の例題を1つ。デートでどこに行くか、毎週末悩むというカップルもいると思います。デートの場所は相手に合わせるべきなのか？ それとも最悪、バラバラになってもいいから、自分の行きたいところを主張すべきなのか？ 楽しいデートになるにはどうすればいいかをゲーム理論で考えてみましょう。

例題2-1／男女の争い

交際間もない2人は次の休日をどこに行くか思案しています。サル太君はサッカーが好きでスタジアムの試合を観に行きたい。一方、サル美さんは恋愛映画が大好きで、映画を観に行きたい。お互い観たいものが違うが、バラバラに休日を過ごすのは楽しくないので絶対に嫌です。2人でサッカーを観戦したとき、サル太君は楽しいですが、サル美さんはほどほどしか楽しめません。2人で映画を鑑賞したとき、サル美さんは楽しめますが、サル太君はまあまあ楽しいぐらいです。さて、どのようなデートにするのが、双方にいちばんいいデートでしょうか？

プレイヤー／サル太君とサル美さん

戦略／「サッカー観戦」と「映画鑑賞」です

利得／バラバラに過ごす場合は楽しくなく2人とも利得は0。2人でサッカーを観戦したとき、サル太君は10の利得を得ますが、サル美さんは3しかありません。2人で映画を鑑賞したとき、サル美さんは10の利得を得ますが、サル太君の利得は3とします。

		サル美	
		サッカー	映画
サル太	サッカー	10	0
	映画	0	3

		サル美	
		サッカー	映画
サル太	サッカー	3	0
	映画	0	10

		サル美	
		サッカー	映画
サル太	サッカー	10,3	0,0
	映画	0,0	3,10

表2-1

デートは相手に合わせるべきか否か？

～男女の争い／ナッシュ均衡① その2～

まずは支配戦略があるか調べてみましょう。相手の戦略に対して、最適反応でない戦略（利得が小さいほう）に横線を入れて消してみてください。

サル美さんがサッカー観戦をするとき、サル太君の最適反応はサッカー観戦、最適反応ではないのは映画鑑賞。したがって映画鑑賞に横線を入れて消します。サル美さんが映画鑑賞をするときサル太君の最適反応は映画鑑賞、最適反応ではないのはサッカー観戦です。したがってサッカー観戦の利得を消します。

同様にサッカー観戦をするとき、サル美さんの最適反応はサッカー観戦、最適反応ではないのは映画鑑賞。したがって映画鑑賞に横線を入れて消します。サル太君が映画鑑賞をするときサル美さんの最適反応は映画鑑賞、最適反応ではないのはサッカー観戦です。したがってサッカー観戦の利得を消します。

相手の戦略にかかわらず自分の利得が高いか等しい戦略がありません。つまり、このゲームでは支配戦略がないことがわかります。

支配戦略はありませんでしたが、サル太君、サル美さんのどちらの戦略も横線が入っていないセルがあります。こうしたセルは最適な状態が均衡している状態になっています。この組み合わせがナッシュ均衡です。

サル太君の最適反応は

		サル美	
		サッカー	映画
サル太	サッカー	10,3	~~0~~,0
	映画	~~0~~,0	3,10

↑縦で比較します

サル美さんの最適反応は

		サル美	
		サッカー	映画
サル太	サッカー	10,3	0,~~0~~
	映画	0,~~0~~	3,10

←横で比較します

ふたりの利得を合わせ

		サル美	
		サッカー	映画
サル太	サッカー	10,3	~~0,0~~
	映画	~~0,0~~	3,10

消されていない部分

		サル美	
		サッカー	映画
サル太	サッカー	10,3	~~0,0~~
	映画	~~0,0~~	3,10

		サル美	
		サッカー	映画
サル太	サッカー	10,3	~~0,0~~
	映画	~~0,0~~	3,10

デートは相手に合わせるべきか否か？
～男女の争い／ナッシュ均衡① その3～

ナッシュ均衡がある場合、ナッシュ均衡がゲームの解となります。この場合

「サル太君、サル美さんはいっしょにサッカー観戦をする」
「サル太君、サル美さんはいっしょに映画鑑賞をする」

がゲームの解になります。このゲームはナッシュ均衡が2つあります。

つまりいっしょにいるのが楽しい間柄ならば、デートは相手に合わせるべきであるといえます。どちらのナッシュ均衡を選択するとよいかは論理的に説明できません。

今回は例題として相手のやりたいことに合わせた場合「3」という利得に設定しましたが、現実世界ではここの利得は異なるはずです。利得が大きいほうの行き先に合わせるというのも1つの手です。

またゲームを少し変化させることで、違うものも見えてきます。たとえばこのゲームは同時手番ゲームでありますが、これを逐次手番ゲームに直してみると、最初に選んだ戦略に相手が合わせざるをえないということもわかります。

したがって先に行きたいところを宣言して行動してしまうことで、自分に有利に進められるのです。ただし、毎回、同じことを繰り返すと嫌われる（「バラバラに過ごす」の利得が増える）ので注意が必要です。

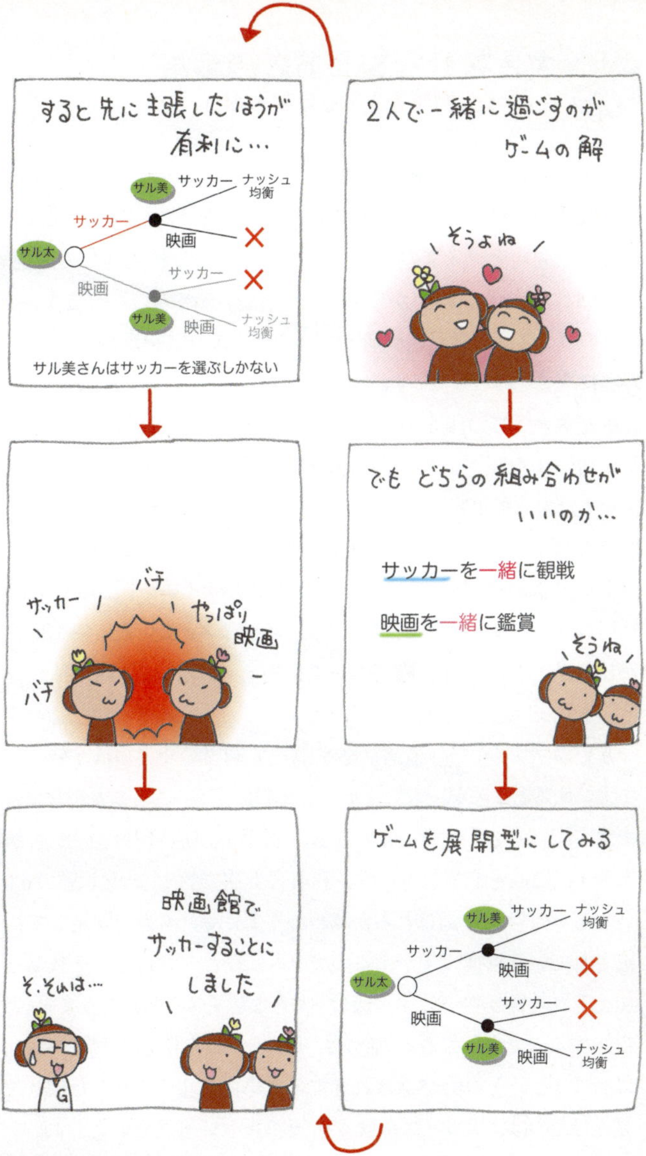

2人で一緒に過ごすのがゲームの解
そうよね
でも どちらの組み合わせがいいのか…
サッカーを一緒に観戦
映画を一緒に鑑賞
そうね
ゲームを展開型にしてみる
サル美
サッカー
ナッシュ均衡
サッカー
映画
サル太
映画
サッカー
サル美
映画
ナッシュ均衡
すると先に主張したほうが有利に…
サル美
サッカー
ナッシュ均衡
サッカー
映画
サル太
映画
サッカー
サル美
映画
ナッシュ均衡
サル美さんはサッカーを選ぶしかない
サッカー
バチ
バチ
やっぱり映画
映画館でサッカーすることにしました
そ、それは…

大きな服を扱うお店の戦略
～ナッシュ均衡から見る店舗戦略～

カジュアルな衣料品販売店が扱っている服のサイズはS～XLが一般的で、それ以上のサイズを置いていないことが多いです。衣料品販売店とサイズの大きな服、靴を求める利用客との販売ゲームは、ナッシュ均衡から明らかな店舗戦略が見えてきます。

右の**表2-2**は衣料品販売店と大きなサイズの服を求める利用客の利得をまとめたものです。

店が大サイズの服を置き、利用客が店に行くと店は売上が上がり利得10を得て、利用客も満足から利得10を得ます。店が在庫をもたず、利用客も店舗に行かないと双方の利得は0。店が在庫をもつのに利用客が店に行かないと、店の利得は在庫費用がかかり−50、利用客は影響なく0。店が大サイズを置かないのに利用客が店に行くと、利用客は求めるサイズがないといわれ恥ずかしい思いをして−5、顧客ニーズに応えられない店の影響は−5とします。

互いのプレイヤーの最適反応を調べて利得の小さいほうを消します。するとこのゲームにはナッシュ均衡が2つあることがわかります。「店が大サイズの服を置き、利用客が店に行く」と「店が大サイズの服を在庫にもたず、利用客も店で買わない」状態です。

どちらの均衡が選ばれるかはわかりません。本来、安定して固定されている均衡ですが、このゲームにひとつ広告という戦略を加えると均衡が動きます。店は「大きなサイズの服があります」と告知するのです。すると「店が大サイズの服を置き、利用客が店に行く」という均衡が選ばれます。電車内によくこうした広告を見かけるのは、大サイズを置く店舗の正しい戦略といえます。

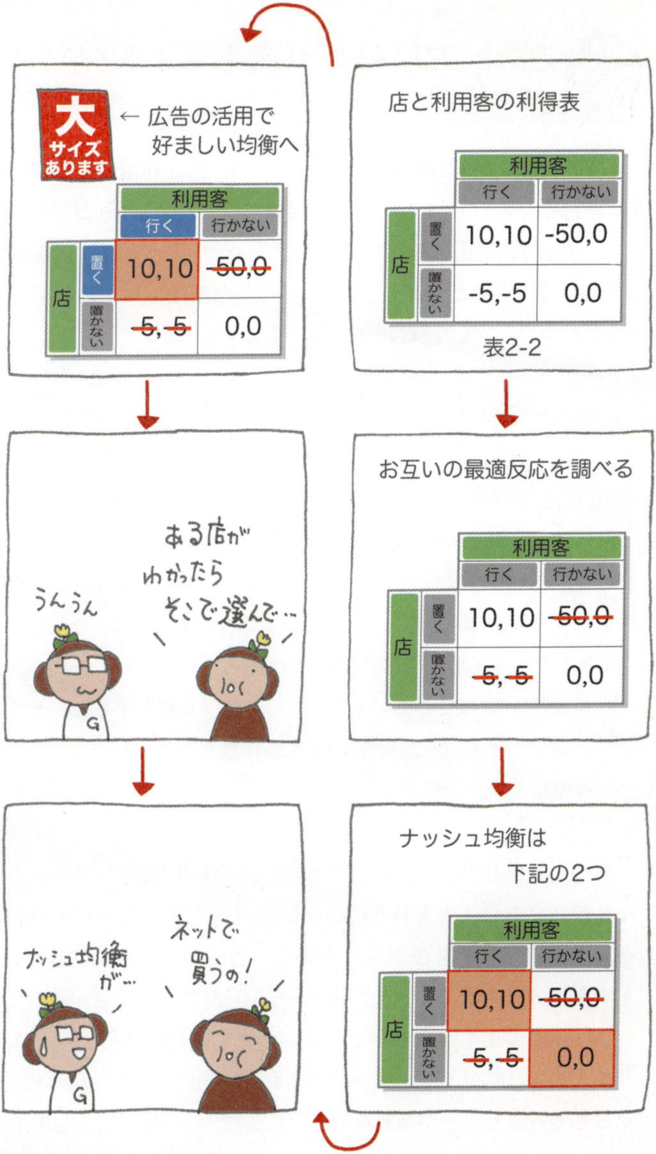
店と利用客の利得表
利用客
行く
行かない
店
置く
10,10
-50,0
置かない
-5,-5
0,0
表2-2
お互いの最適反応を調べる
利用客
行く
行かない
店
置く
10,10
-50,0
置かない
-5,-5
0,0
ナッシュ均衡は
下記の2つ
利用客
行く
行かない
店
置く
10,10
-50,0
置かない
-5,-5
0,0
大
サイズ
あります
← 広告の活用で
好ましい均衡へ
利用客
行く
行かない
店
置く
10,10
-50,0
置かない
-5,-5
0,0
ある店が
わかったら
そこで選んで…
うんうん
ナッシュ均衡
が…
ネットで
買うの！

近所トラブルはどうして悪化するのか？
～ゲームを変えて、ナッシュ均衡を減らす①～

前ページの問題で「望ましいナッシュ均衡（店、利用客ともにハッピー）」と「望ましくないナッシュ均衡（店、利用客の利得0）」がある場合、戦略（広告）を加えて「望ましいナッシュ均衡」を選ぶように操作できると解説しました。こうした問題は現実社会でもよくあるので、少しくわしく見てみましょう。

近所のトラブルの問題です。引っ越して間もないころはお隣とうまくやっていたのに、次第にギクシャクするようになり、いまは細かいことでいつもトラブルになってしまいます。近所のトラブルは深刻です。毎日の生活のなかで、隣接しているだけに逃れられません。サル郎君は隣に住むサル吉さんと、音がうるさい、境界線を越して植木鉢を置くなとトラブルになっています。2人ともなんとなく仲よく親切でありたいとは思っているのですが、ついつい意地悪を重ねてしまいます。これをゲームだとすると、サル郎君は親切をするほうが得か、意地悪に徹したほうが得なのかをゲーム理論で解いてみたいと思います。

利得を算出してみましょう。サル郎君が親切にして、サル吉さんも親切に対応してくれると、互いに気持ちよく双方10の利得を得ます。サル郎君が親切に対応しても、サル吉さんが意地悪をすると、サル郎君は気分が悪く−5、サル吉さんは気が晴れて5の利得を得ます。逆のパターンではサル郎君は気分が晴れ5、サル吉さんは気分を害して−5の利得を得ます。双方が意地悪をすると実被害と気分が晴れるのが相殺され0の利得と仮定します。

このゲームの利得表は表2-3です。サル郎君とサル吉さんの最適反応を調べます。するとナッシュ均衡が2つあることがわかります。1つは双方が親切に対応したとき、もう1つは双方が意地悪をしたときです。相手が親切できたら親切で返すこと、相手が意地悪をしたら意地悪で返すことが安定した均衡です。

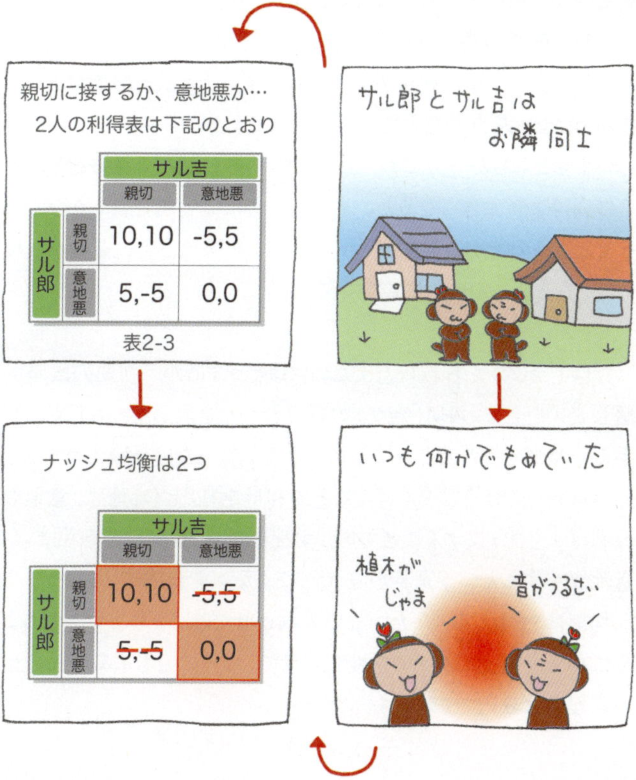

		サル吉	
		親切	意地悪
サル郎	親切	10,10	-5,5
	意地悪	5,-5	0,0

		サル吉	
		親切	意地悪
サル郎	親切	10,10	~~-5,5~~
	意地悪	~~5,-5~~	0,0

サル郎とサル吉は
いつも何かでもめていた
親切に接するか、意地悪か…
2人の利得表は下記のとおり

植木がじゃま　音がうるさい

近所トラブルはどうして悪化するのか？
～ゲームを変えて、ナッシュ均衡を減らす②～

一度、どちらかのプレイヤーが意地悪をすると、相手も意地悪を選択します。それが合理的で安定状態だからです。もし相手が意地悪をしてきたときに、こちらは親切を返してはいけません。利得が減ります。

そこで利得を少し変えてみましょう。嫌いな相手が困る姿を見るのは、親切でよろこばれたときよりも気持ちいいと感じました。サル郎君の意地悪の利得が親切の利得を超して15になったとしましょう。その利得表が**表2-4**です。ナッシュ均衡は1つになりました。双方が意地悪をする状態です。

つまりどちらか一方でも、意地悪の利得が双方で親切をしたときの利得より大きくなると、もはや均衡は意地悪合戦しかなくなってしまうのです。これが近所トラブルを悪化させ、そこから抜けだせなくなってしまう原理です。

ではトラブルから抜けだすためにはどうするか。初期の段階で話し合いをして（親切，親切）の組み合わせを取るか、もしくは相手に意地悪をされたときに不快になる気持ちだけを残すのではなく、自分にごほうびをあげるなどで利得を0以上（意地悪，意地悪の利得より上）にすることです。するとそこに支配戦略が生まれ、意地悪をするという選択肢を選ばなくなります（**表2-5**）。ナッシュ均衡は（親切，親切）という組み合わせだけになります。このように利得を変えてゲームを変化させてしまうことも有効だと、ゲーム理論は教えてくれます。

このゲームで意地悪の利得が

		サル吉	
		親切	意地悪
サル郎	親切	10,10	-5,5
	意地悪	5,-5	0,0

表2-3

親切の利得を超えると

意地悪をする
5
↓
15

		サル吉	
		親切	意地悪
サル郎	親切	10,10	-5,5
	意地悪	15,-5	0,0

表2-4

意地悪をすることが
ナッシュ均衡になってしまう

		サル吉	
		親切	意地悪
サル郎	親切	~~10~~,10	~~-5,5~~
	意地悪	15,~~-5~~	0,0

プラスの関係になるためには
意地悪されても不快にならない
ことが大事

		サル吉	
		親切	意地悪
サル郎	親切	10,10	1,5
	意地悪	5,-5	0,0

「親切」「親切」がナッシュ均衡
になる

		サル吉	
		親切	意地悪
サル郎	親切	10,10	1,~~5~~
	意地悪	~~5,-5~~	~~0~~,0

表2-5

じゃんけんの必勝法とは？
～ナッシュ均衡がないゲームの解～

支配戦略があれば支配戦略を選び、ないケースでは最適反応を調べて、ナッシュ均衡を探すことがゲームの解だと説明しました。ではナッシュ均衡はどんなゲームにもかならずあるのでしょうか？

結論から先にいいますと、ナッシュ均衡が存在しないゲームもあります。そんなときはどうするのでしょうか？

身近なゲームである「じゃんけん」は、ナッシュ均衡が存在しないゲームの代表です。ではじゃんけんの利得表をつくってみましょう。**表2-6**は、2人のプレイヤーのじゃんけんによる利得表です。便宜的にじゃんけんの勝ちを1、負けを−1、あいこを0としてみます。各セルを見ると「自分の戦略」「相手の戦略」の合計がすべてのセルで0になっています。相手と自分の利益のプラスマイナスが完全に一致します。こうしたゲームを「ゼロサムゲーム」と呼んでいます。サムとは合計のことです。

では最適反応を探すために、3つある各戦略のうち、小さい利得の2つを消してみましょう。すると横線がないセルは見つかりません。したがってじゃんけんには、ナッシュ均衡がないことがわかります。相手のグーにはパー、チョキに対してはグー、パーに対してはチョキをだすときに高い利得を得られますが、相手の戦略（グー、チョキ、パー）がなにをだしてくるか不明です。

このようなケースの場合、グーだけの戦略、パーとチョキを交互にだすなど相手から読まれやすい戦略をだしていると、簡単に勝つ戦略を選ばれて負けてしまいます。確率的にくわしくは触れませんが、3つの戦略を混ぜ合わせて、33.3％ずつの割合でランダムにだすのがいいことがわかります。じゃんけん大会で同じ戦略で勝ち続けるというのは不自然で、相手がまったく戦略的思考に無頓着か、やらせを疑うほうがいいようです。

このように適当に戦略を混ぜ合わせるという戦略を「混合戦略」といいます。これに対し前ページまで紹介してきたような最適な1つの戦略を常に100％の確率で実行する戦略を「純粋戦略」といいます。

		相手		
		グー	チョキ	パー
自分	グー	0,0	1,-1	-1,1
	チョキ	-1,1	0,0	1,-1
	パー	1,-1	-1,1	0,0

表2-6

第2章のまとめ

・ナッシュ均衡とは、すべてのプレイヤーが自分の戦略に満足して、結果に後悔しない状態のこと

・ナッシュ均衡は各プレイヤーの最適反応であるが、かならずしもいちばん高い利得を手にできるとはかぎらない

・ナッシュ均衡は複数ある場合がある。自分にとって好ましいナッシュ均衡にたどり着くには、さらに戦略の操作が必要となる

・同じ手で勝ち続けるじゃんけん大会は怪しい……

第 3 章

さまざまな同時手番ゲーム

相手の戦略がわからないまま、自分の戦略を考えなくてはいけない同時手番ゲーム。ゲーム理論の代表的なゲームである協調ゲームやチキンゲームを通して最適な戦略の選択方法と応用を考えます。

相手と協調して利得を増やす
～協調ゲーム①／相関戦略～

ゲーム理論の非協力ゲームでは、プレイヤーは互いに合理的な判断で自分の利得を追求します。企業なら他社よりも安い価格を設定し、顧客をごっそりと囲い込もうとします。個人であろうとも自分のやりたいこと、自分の利得のために相手よりも有利な戦略を選ぼうとします。

ところが相手と協調することで自分の利得が上がることを知れば、よろこんで相手に協調するでしょう。プレイヤー同士が交渉をして合意を取りつけるのではなく、あくまでも相手の行動に合わせることになるので、協調ゲームは非協力ゲームの1つです。

身近な協調ゲームの例は、車で進入した交差点の様子です。そのまま進むと交差点で2台の車は衝突してしまいます。相手が止まるとわかれば自分は進み、相手が進みそうなら自分は止まって相手を先に行かせようとします。ここで自分の行動を隠したり、自分の意図を相手に逆に伝えたりするのは、自分の利益になりません。プレイヤーは互いに行動を教え協調させる必要があります。

ナッシュ均衡は「自分が止まり・相手が交差点を通過」「自分が交差点を通過・相手が止まる」です。ナッシュ均衡は最適反応の組み合わせですが、瞬時にどちらの均衡を選べばいいかわかりません。そこで社会では信号機が登場します。信号機はプレイヤーを協調させるのに役立つ仕掛けの1つです。信号機は定期的に「進め」「止まれ」を表示、プレイヤーがどちらのナッシュ均衡をとればいいかを教えてくれます。こうしてプレイヤーが共通に観察できる偶然事象に意思決定を依存することを相関戦略、相関戦略の組みがナッシュ均衡になっていることを相関均衡といいます。

トイレは協調ゲーム
2人で「入る」はできない
相手
入る　入らない
自分
入る　×,×　○,×
入らない　×,○　×,×
2人「入らない」はヤバイ
相手
入る　入らない
自分
入る　×,×　○,×
入らない　×,○　×,×
あ
ナッシュ均衡は「入る」と「入らない」
相手
入る　入らない
自分
入る　×,×　○,×
入らない　×,○　×,×
あー
相手と協調することで自分の利得をふやす
交差点も協調ゲーム
とまる
すすむ
こーゆうこと？
それ強調

『賢者の贈り物』に見る夫婦の協調
～協調ゲーム②／利得が変わればゲームが変わる～

アメリカの小説家オー・ヘンリーの代表作に『賢者の贈り物』という作品があります。これもまた協調ゲームの一種です。

貧しい夫妻が相手にクリスマスプレゼントを買いたいと思いましたが、お金がありません。妻は夫が大切にしている金の懐中時計を吊るす鎖を買うために、自分の髪をバッサリと切って売ってしまいます。夫は妻がほしがっていたクシを買うために、大事な懐中時計を質に入れてしまうのです。相手を思いやる気持ちが強すぎ、贈り物のすれ違いが起きてしまう心温まる物語です。

妻が髪を売る、夫が時計を売る利得を3（大切な人によろこんでもらえる）、贈られたほうの利得5（大事なものを売って買ってくれてうれしい）、長い髪がないのにクシを贈られる、時計がないのに鎖を贈られる利得を－5とします。するとこのゲームで夫と妻の最適反応であるナッシュ均衡は、「夫は時計を売らない・妻は髪を売る」「夫は時計を質に入れる・妻は髪を切らない」です。

利得がマイナスになるのは2人のプレイヤーが協調しなかったからであり、2人の利害関係が相反していたからではありません。自分の戦略を明かさずにいたので、少し残念な結末を迎えてしまいました。サプライズはほどほどにしないと、協調ゲームは危険性を内包します。

結果として残念な選択をしてしまいましたが、2人は夫婦の愛と献身の気持ちを再確認して、実は精神的にもっとも高い利得に落ち着いたのかもしれません。物質的な豊かさより、精神的な豊かさが優先されるなら、このゲームの利得は大きく変わります。

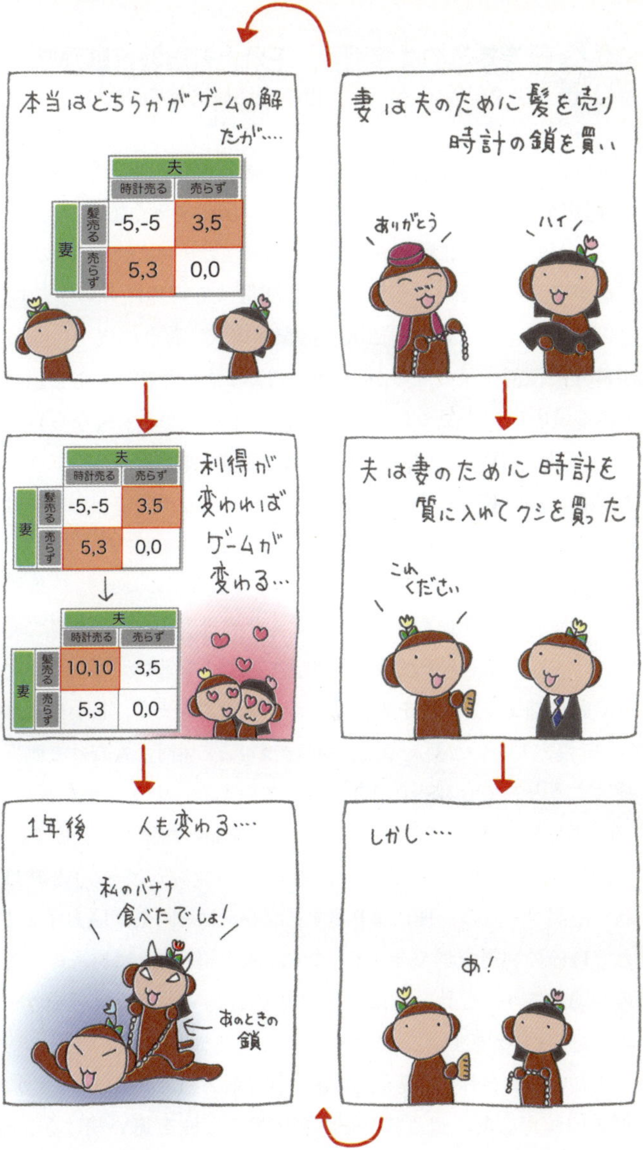
妻は夫のために髪を売り
時計の鎖を買い
ありがとう
ハイ
夫は妻のために時計を
質に入れてクシを買った
これ
くださぃ
しかし….
あ!
本当はどちらかがゲームの解
だが….

		夫	
		時計売る	売らず
妻	髪売る	-5,-5	3,5
	売らず	5,3	0,0

利得が
変われば
ゲームが
変わる…

		夫	
		時計売る	売らず
妻	髪売る	-5,-5	3,5
	売らず	5,3	0,0

↓

		夫	
		時計売る	売らず
妻	髪売る	10,10	3,5
	売らず	5,3	0,0

1年後　人も変わる….
私のバナナ
食べたでしょ!
あのときの
鎖

得をするのは協調か、それとも単独行動か？
〜スタグハントゲーム／相手を協調させるには〜

18世紀の社会哲学者ジャン＝ジャック・ルソーがとなえた「鹿狩り」をゲーム理論で見ると、問題点がわかりやすくなります。

狩人が鹿を狩るには数人で協力しなくてはいけません。大きな鹿を狩ることは報酬も多いですが、失敗する可能性もあります。追い込む人、罠を仕掛ける人、弓を射る人、狩りの成功は全員が自分の役割を果たせるかにかかっています。ところが鹿を追っている最中に兎《ウサギ》を見かけたらどうなるでしょうか？　兎なら自分1人で簡単に狩ることができそうです。リターンが多いがリスクもある鹿を追い続けるべきでしょうか？ それとも確実に自分だけは兎を狙うほうが賢いのでしょうか？

この鹿狩りのプレイヤー2人で考えた利得表（表3-1）を見てください。狩人はそれぞれ兎を捕らえて利得1を獲得するか、協力して鹿を捕えて利得2を獲得するかを選択できます。しかし鹿は2人で協力しないと捕えることができません。相手1人だけで鹿を捕えようとしても利得0になってしまいます。ナッシュ均衡は、「鹿・鹿」を狙った組み合わせと「兎・兎」を狙った組み合わせです。このゲームはスタグハントゲーム（ルソーの鹿狩りゲーム）と呼ばれ、協調ゲームの一種になります。プレイヤー同士は協力することで自分の利得を増やそうとします。鹿を追うことは狩人の暗黙の契約であり、行動を拘束する契約ではないことから非協力ゲームであるといえます。

当初の目的どおりに鹿を追い続ければ最大利得を得られますが、相手の腕が心配、追っている鹿が凶暴など鹿を追い続けることが合理的でないとプレイヤーが思えば、兎を狩りたいという誘惑にかられるでしょう。また相手が裏切りそうだと思えば、自分も兎を狙いたくなってしまいます。こうした誘惑に負けないためには、相手のプレイヤーが鹿を追い続けるという信頼が必要になってきます。よく狩人たちが酒場で自分の腕前を自慢し合うのは、たんなる自己満足ではなく、仲間に鹿を追い続けさせる合理的な行動ともいえるのです。

また兎ではなく鹿にこだわる場合もあります。それは鹿を狩る利得がとても大きくなる場合、もしくは兎を狩る報酬が極端に小さくなる場合です。そんな場合の例題を次ページのインサイダーゲームで見てみましょう。

		相手	
		鹿	兎
自分	鹿	2, 2	0, 1
	兎	1, 0	1, 1

表3-1

もし会社のインサイダー情報を入手したら
～インサイダーゲーム／相手を信頼できるのか？～

あなたの会社が他社を買収するという情報を知りました。買収先の企業の株が上がると見込めそうです。そんなときあなただったらどうしますか？

株価の上昇が期待できるので株を買いたいが、そのまま買ったらインサイダー取引に抵触するでしょう。妻、両親、兄弟に情報を流して買ってもらうのもいいですが、調査が入ればあなたに容疑が降りかかるかもしれません。そこであなたは関係の薄い友人と共謀して株を買うことにしました。しかしこの友人との距離が問題です。近い友人は信頼できますが、自分との関係がわかってしまう可能性があります。逆に遠い友人だと関係をたどられる可能性は低いものの、本当に信頼していいか疑問です。もしその友人が他人に自慢話でもして第三者の耳に入れば、あなたは大きな代償を負うことになります。このためあなたは相手を信頼すべきかどうか悩みます。

協調ゲームはプレイヤー同士が協力することで同等の利得を得ました。このゲームは信頼ゲームと呼ばれ、ゲームの解はとても大きな利益を手にするか、はたまた無難な利益になるかの両極端になるという特徴があります。あなたが情報を流し友人が株を買えば互いに大きな利得を手にします。しかし情報を流さない、買わないという無難な組み合わせもまたゲームの解です。

こうした信頼ゲームでは相手が信頼できるかどうかが重要です。ナッシュ均衡で得られる利得が、あなたを裏切ることよりもはるかに高いことを相手に理解させることができるかがポイントです。もちろん実際にインサイダー取引を画策してはいけません。

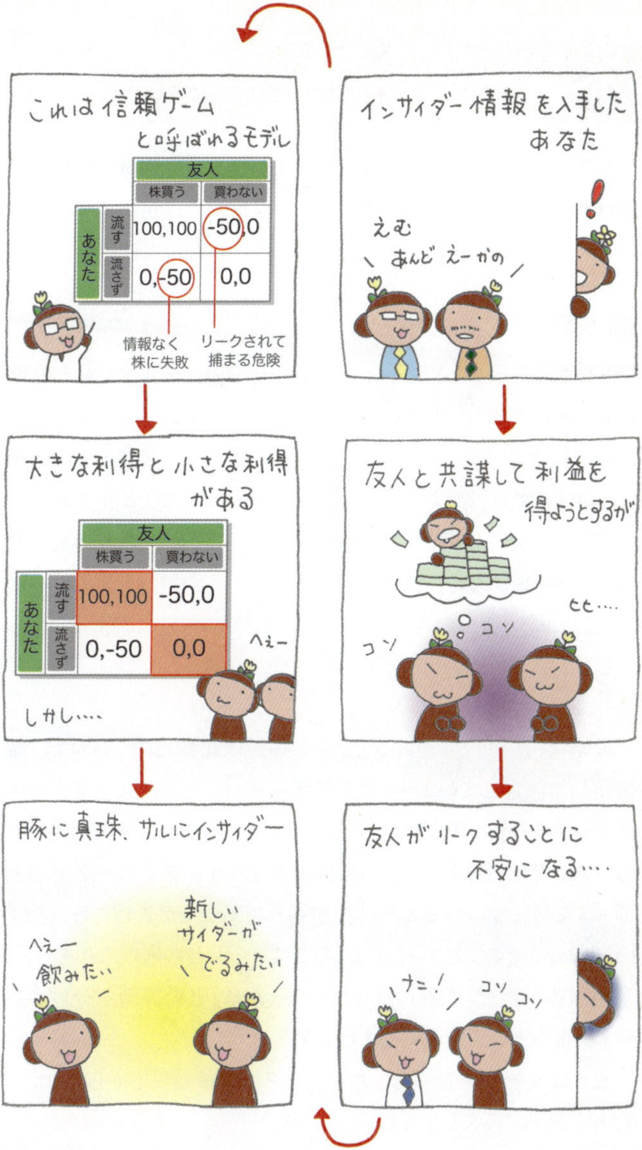
インサイダー情報を入手したあなた
!
えむ あんど えーがの
友人と共謀して利益を得ようとするが
ヒヒ…
コソ
コソ
友人がリークすることに不安になる…
ナニ!
コソ コソ
これは信頼ゲームと呼ばれるモデル

		友人	
		株買う	買わない
あなた	流す	100,100	-50,0
	流さず	0,-50	0,0

情報なく株に失敗
リークされて捕まる危険
大きな利得と小さな利得がある

		友人	
		株買う	買わない
あなた	流す	100,100	-50,0
	流さず	0,-50	0,0

へぇー
しかし…
豚に真珠、サルにインサイダー
へぇー 飲みたい
新しいサイダーが でるみたい

度胸試しに勝つ方法
～チキンゲーム／戦略操作でゲームに勝つ ①～

男は基本小心者です。小心者であるがゆえに度胸試しをして自分の度胸を自慢したがります。そんな度胸試しは格好のゲーム理論のモデルとして世界中で取り上げられています。

例題3-1／チキンゲーム

あなたはちょっとしたことから知り合いのツヨガリー夫と意地のはりあいになり、度胸試しをすることになりました。直線の長い道の端と端から相手の車に向かって走らせ、先にハンドルをきったほうが負けです。負けたほうはチキン（弱虫）と相手から罵《ののし》られます。男としてそれだけは避けたいのですが、正面衝突したら大ダメージは避けられません。あなたが取る戦略は「進む」か「逃げる」しかありません。はたしてあなたが取るべき最善策はどちらでしょうか？

戦略は「進む」と「逃げる」です。利得は比較しにくいので、数値化して設定しましょう。2人が進み続けて衝突してしまうと大ダメージの利得－10です。あなたが進んでツヨガリー夫が逃げたら、あなたは名声として5の利得を得ますが、相手は不名誉の利得－5を得ます。ツヨガリー夫が進んであなたが逃げたら、相手の利得が5であなたの利得は－5です。2人とも逃げてしまうと、双方痛み分けで「意外にだらしなかったね」と低評価を分け合い－1を得るという設定にしましょう。

まずは支配戦略を探し、ないケースでは最適反応からナッシュ均衡を求めてみましょう。

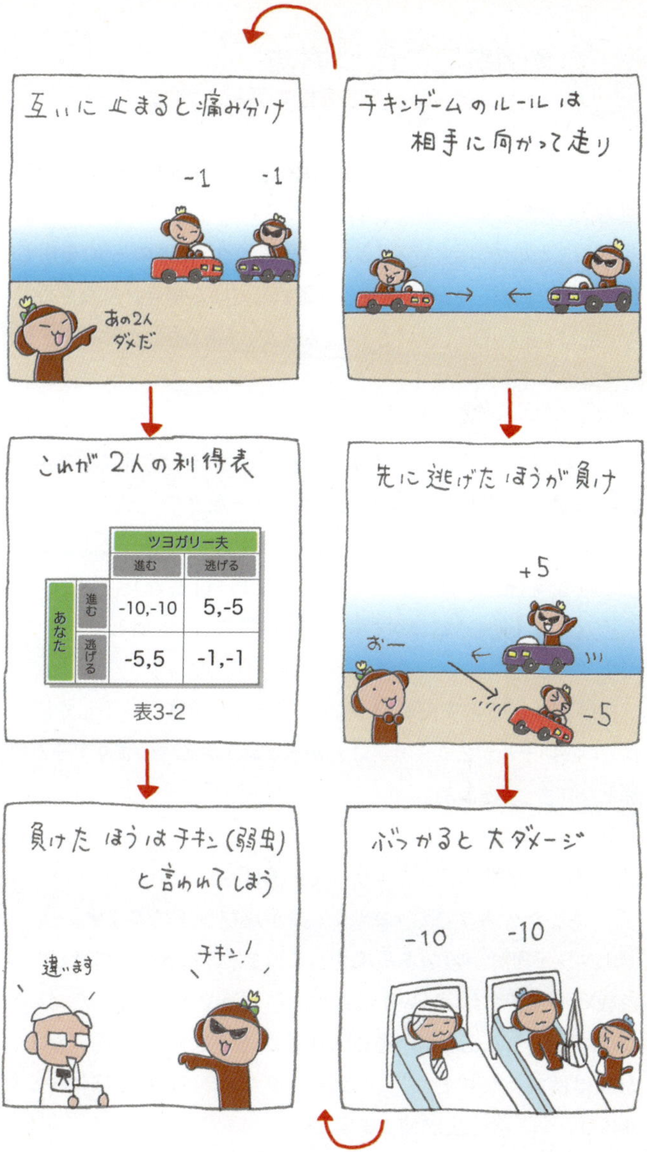

		ツヨガリー夫	
		進む	逃げる
あなた	進む	-10,-10	5,-5
	逃げる	-5,5	-1,-1

表3-2

度胸試しに勝つ方法
～チキンゲーム／戦略操作でゲームに勝つ ②～

利得表からあなたの最適反応を調べます。ツヨガリー夫が戦略「進む」を選択している場合、あなたの最適反応は「進む」−10、「逃げる」−5なので、「逃げる」になります。低い利得の−10を消します。ツヨガリー夫が「逃げる」を選択している場合、あなたの最適反応は「進む」5、「逃げる」−1なので、「進む」になります。低い利得の−1を消します。

同じようにツヨガリー夫の最適反応は、あなたが「進む」を選択している場合、「進む」−10、「逃げる」−5なので、「逃げる」になります。低い利得の−10を消します。あなたが「逃げる」を選択している場合、ツヨガリー夫の最適反応は「進む」5、「逃げる」−1なので、「進む」になります。低い利得の−1を消します。

利得表を見ると支配戦略がないことがわかります。そして消されていないセルが2つ残り、これがナッシュ均衡、つまりゲームの解となります（表3-3）。

ゲームの解は

「あなたが進み、ツヨガリー夫が逃げる」

「あなたが逃げて、ツヨガリー夫が進む」 になります。

ナッシュ均衡が複数ある場合、このままの均等条件ではどちらの戦略を選択すればいいかは合理的に判断できません。ただしあなたにとって、「あなたが進み、相手が逃げる」という結末のほうが利得は高くなります。このようなチキンゲームと呼ばれるモデルには、ある必勝法が使えます。

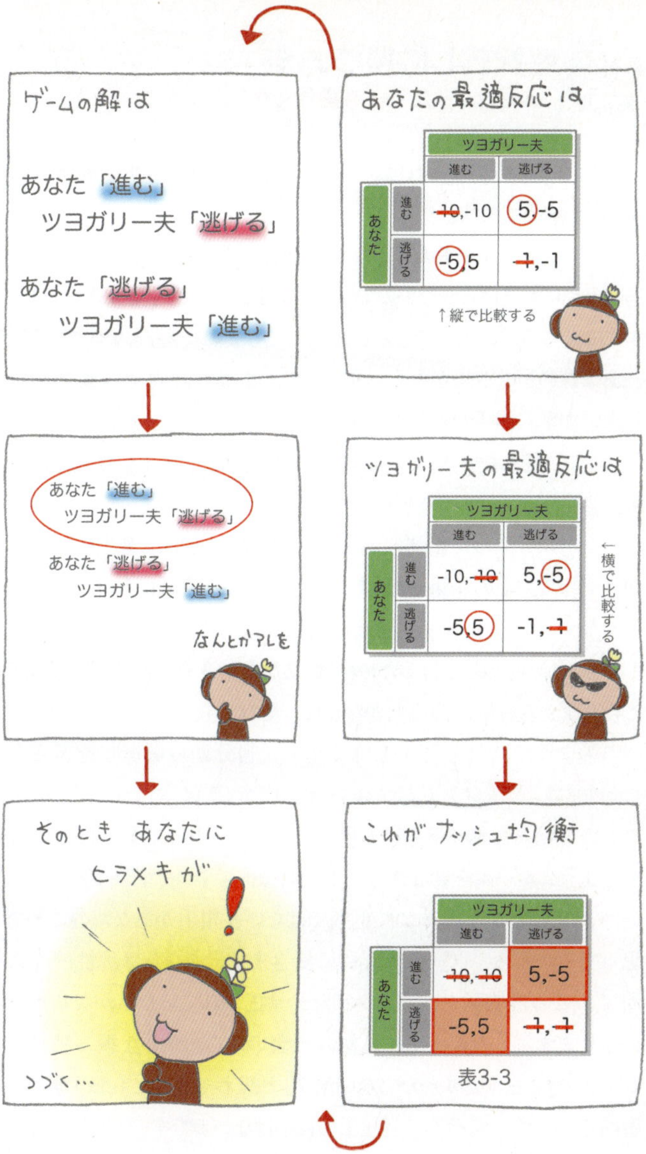
あなたの最適反応は
ツヨガリー夫
進む
逃げる
あなた
進む
-10,-10
5,-5
逃げる
-5,5
-1,-1
↑縦で比較する
ツヨガリー夫の最適反応は
ツヨガリー夫
進む
逃げる
あなた
進む
-10,-10
5,-5
逃げる
-5,5
-1,-1
←横で比較する
これがナッシュ均衡
ツヨガリー夫
進む
逃げる
あなた
進む
-10,-10
5,-5
逃げる
-5,5
-1,-1
ゲームの解は
あなた「進む」
ツヨガリー夫「逃げる」
あなた「逃げる」
ツヨガリー夫「進む」
あなた「進む」
ツヨガリー夫「逃げる」
あなた「逃げる」
ツヨガリー夫「進む」
なんとかアレを
そのとき あなたに
ヒラメキが
!
つづく…

表3-3

度胸試しに勝つ方法
～チキンゲーム／戦略操作でゲームに勝つ ③～

あなたの必勝法、それはぶつかる直前に、ハンドルを根元から抜いてしまうのです。

そうハンドルが取れた車は、回避行動の取りようがありません。逃げようにも逃げられないのです。ハンドルから手を離すだけだと、すぐにもち直すことができると思われてしまいます。

あなたのハンドルがなくなり、このまま進むと両者は衝突してしまいます。相手はハンドルを切って逃げるしかなくなりました。「絶対に回避しない」という信頼度の高い脅しを相手にかけるのです。

ハンドルを取った瞬間、あなたの「逃げる」という選択肢はなくなりました。その結果、2つあったナッシュの均衡は1つに絞られました。

相手は最適反応を得るためには「あなたが進み、相手が逃げる」というゲームの解を得るしかなくなったのです。

このように自分の意志を強く示し、自分から選択肢を減らすことを「コミットメント」といいます。序章（P.14）ででてきた「大事なものを捨てて勝つ戦略」も同じコミットメントです。自分に有利なようにゲームを変えてしまう戦略操作の1つです

ハンドルを取る以外にも正気ではないと相手があなたのことを思ってくれたら、ゲームは有利に働きます。あなたは理性的な人間で、この度胸試しがハッタリだと見抜かれていたらかなり不利になります。したがって、最初の出会いからおかしな振る舞いをして、「なにをするかわからないヤツ」と思わせることもおすすめの戦略なのです。賢そうに登場してはいけないのです。

このゲームの必勝法は
ハンドルを取ること
ズボッ
あなたが逃げられないと知り
とれた!
マジ?!
相手はよけるしかなくなる
ヤバイ!!
ツヨガリー夫
進む
逃げる
あなた
進む
-10,-10
5,-5
逃げる
-5,5
-1,-1
やったー
くそー
プス
プス
そして あなたは
ん?
トリになる….
逃げる
0
-10,-5
ピッ

キューバ危機をしのいだケネディの戦略
～政治世界のチキンゲーム その1～

チキンゲームは個人の度胸試しですまないことがあり、世界規模で見られることもあります。アメリカとソ連による「キューバ危機」は、チキンゲームの典型的なモデルでした。

1962年、アメリカはソ連がキューバに中距離ミサイル基地を建設中という情報を入手します。キューバはアメリカの隣国で、ソ連のミサイル基地はアメリカにとって軍事的脅威でした。当時、アメリカの核兵器は数でも性能でもソ連を上回っており、ソ連国境のトルコにはアメリカの軍事基地がありました。アメリカ大統領ケネディはキューバを海上封鎖してミサイル基地の撤去をソ連に迫りました。ソ連からはアメリカに妥協案が示されるも、受け入れがたい内容であり、さらにアメリカの偵察機がソ連軍に撃墜されてしまいます。同日、アメリカはソ連の潜水艦に攻撃を考えていました。攻撃する潜水艦は核魚雷の搭載も考えられます。ひとつ間違えれば第三次世界大戦が始まろうとしていました。このとき、アメリカは反撃、基地攻撃をすべきでしょうか？　それとも攻撃を回避して海上封鎖を解くべきでしょうか？　ゲーム理論で戦略と利得を比較してみましょう。

戦略は「攻撃」と「回避」。双方ともに「攻撃」をすると第三次世界大戦の勃発も考えられ、損害は大規模になりそうです。利得は－100と設定します。双方が「回避」すれば、平和解決が見込め2の利得。アメリカが「攻撃」してソ連が「回避」すれば、アメリカは3の利得、ソ連は1の利得を得るとします。逆の形はソ連が1の利得、アメリカは3の利得と設定します。

アメリカは ソ連 が キューバに ミサイル基地を作っていると知り
アメリカ
キューバ
海上を封鎖した
ん？
しかしアメリカ機が落とされる
ウキ？
アメリカは反撃を考えていたが…
ソ連
攻撃
回避
アメリカ
攻撃
-100,-100
3,1
回避
1,3
2,2
ひとつ選択を 間違えると 大変なことに…
ところが…
あーしまった！
あー ピチピチ…
それ 洗濯です 大統領

キューバ危機をしのいだケネディの戦略
～政治世界のチキンゲーム その2～

利得の大きさは相対的な関係を把握するために設定しています。別の大きさでもかまいません。

ではこのゲームの利得表をつくりましょう。アメリカとソ連の最適反応を見ると、ナッシュ均衡が2つあることがわかります。「アメリカが攻撃・ソ連が回避」と「アメリカが回避・ソ連が攻撃」の組み合わせです。車で相手に向かっていく度胸試しゲームと同じ形になりました。

チキンゲームの場合、自分は逃げないという強い脅しを相手に思わせることが大事だと説明しました。当時、核兵器の数、性能でソ連を上回っていたアメリカは強気でした。結果、アメリカは反撃して潜水艦を攻撃したのです。結局、ソ連は反撃の応酬をする道を選択せずに、アメリカがキューバに侵攻しないという条件を受けて、キューバからミサイルを撤去しました。第三次世界大戦は回避されたのです。

実はキューバには、射程距離の短い戦術核兵器が存在しました。しかしアメリカはその情報を知らなかったと伝えられています。ソ連が強い脅しをかけてアメリカを撤退に追い込みたいのなら、戦術核兵器の存在をアメリカに流す必要があったのかもしれません。アメリカは逆にトルコに配備していたミサイルは旧式で撤去する予定にしていたそうなのですが、この情報を漏らすことなく強気にでたのです。

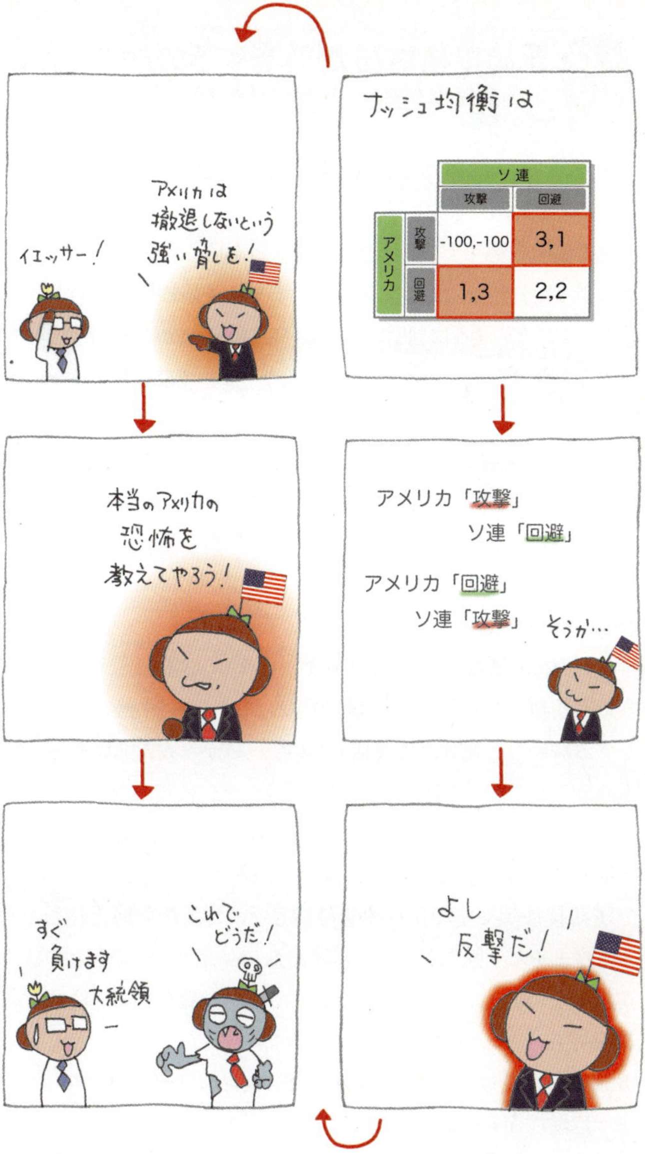
ナッシュ均衡は

		ソ連	
		攻撃	回避
アメリカ	攻撃	-100,-100	3,1
	回避	1,3	2,2

アメリカ「攻撃」
ソ連「回避」
アメリカ「回避」
ソ連「攻撃」
そうか…
よし反撃だ！
アメリカは撤退しないという強い脅しを！
イエッサー！
本当のアメリカの恐怖を教えてやろう！
これでどうだ！
すぐ負けます大統領

予防接種は誰が得をするのか？
～予防接種ゲーム／社会的チキンゲーム～

チキンゲームは個人と個人の戦いばかりではなく、相手が大勢であることもあります。予防接種は受けることによって感染リスクを低減し、感染しても重篤化することを防ぐ一方で、受けることによる副作用を心配する声もあります。予防接種を受けるべきかどうかはどのように判断するとよいのでしょうか？

あなたとほかの人たちというプレイヤーで、予防接種をゲームとしてとらえることができます。最悪の事態、チキンゲームでいうお互いの車が衝突するのは、あなたもほかの人たちも予防接種を受けない状態。副作用のリスクはないものの全員が感染して大流行する危険性もあります。自分もみんなも接種する状態は、互いに車を止めた状態と同じです。副作用の危険性はあるものの、大流行は抑えられます。

ナッシュ均衡は「あなたは接種する」「みんなは接種しない」と「あなたは接種しない」「みんなは接種する」です。あなたがいちばん得をする戦略は、あなたは接種しないで、ほかの人たちに接種してもらうことです。予防接種の副作用リスクを回避しながら、ほかの人に打ってもらうことで蔓延の予防にもなるからです。リスクがある部分は相手にやってもらおうという考え方です。

予防接種は一定の接種率を維持しないと蔓延を抑え込むことができません。個人がもっとも得と感じるナッシュ均衡を安易に選択しないように、予防接種によっては国が義務として決め、国民を守ろうとしているのです。受けないほうが得であると考えて多数の人が受けないと、結局もっとも利得の低い結果になってしまう危険性があります。

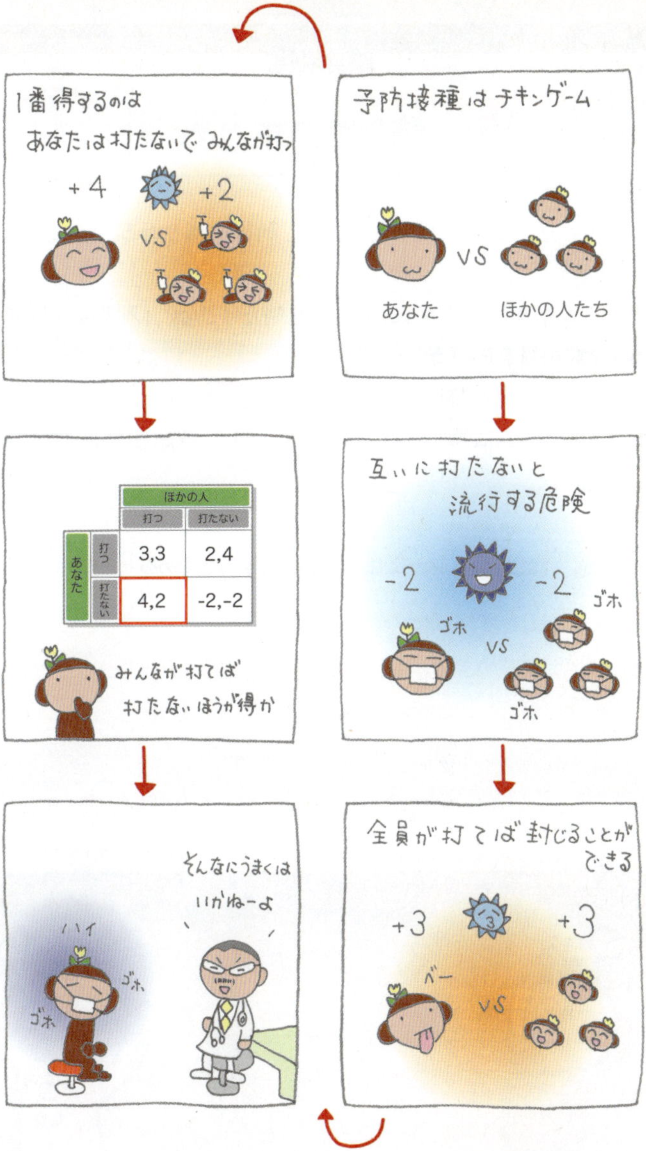

		ほかの人	
		打つ	打たない
あなた	打つ	3,3	2,4
	打たない	4,2	-2,-2

第3章のまとめ

・非協力ゲームでも相手と協調して利得を増やせることがある

・ゲームを有利に進めるためには戦略だけでなく、利得を変えることにも目を向ける

・チキンゲームに勝つには「逃げない」という戦略操作が有効である

・さらに「俺はクレイジーだぜ！」と登場すべきである

序 4 章

囚人のジレンマ

ゲーム理論の代表的ゲームモデルである「囚人のジレンマ」。目の前の利得に目がくらみ、相手と協力し合えないで大きな利得を逃してしまう仕組みと解決法を考えてみます。

「自白」か「黙秘」か、犯人たちのジレンマ
～囚人のジレンマ ①～

ゲーム理論でよく知られたモデルに「囚人のジレンマ」というゲームがあります。「囚人」というものの、正確には逮捕された2人の容疑者の話です。お互いが高い利得を得ようとした結果、仲間と協力して高い利得を得ることができず、警察官の説得によって裏切りを選び、少ない利得を分け合うという残念で残酷なゲームモデルです。

例題4-1 ／囚人のジレンマ

2人の窃盗犯が警察に捕まりました。ところが確実な証拠がなく、2人が黙秘を続けているため、このままでは証拠不十分で起訴ができません。できて懲役1年の罪に問えるぐらいでしょう。そこで警察官は容疑者にある取引をもちかけます。「お前が正直に事件の全貌を自白すれば微罪にしてやる。いや無理矢理仲間に入れられたことにして、無罪にしてやってもいい。だがな、相手が自白をすれば5年はぶち込んでやる。まあその結果、両方とも自白したらともに懲役3年だな」と言うのです。もしあなたが捕まった泥棒Ａだとして、この警察官の言うとおり、自白するほうが得なのでしょうか、黙秘を続けるべきなのでしょうか、さてどちらを選びますか？

プレイヤーは容疑者ＡとＢの2人。戦略は「自白」するか「黙秘」するかのどちらかです。利得をそれぞれ利得表にまとめてみます（**表4-1**）。

容疑者Ａであるあなたはこう考えます。「沈黙を続ければ懲役1

年か。1年なら牢屋でもがんばれそうだ。だったら黙秘を続けるほうがいいだろう。いや、待てよ。Bの野郎はいつも根性なしで、人を裏切ることなどなんとも思ってねぇ。すぐに損得で人のつき合いを考えるヤツだ。ヤツは無罪に目がくらんですぐに自白するかもしれねぇ。いや絶対に自白する。俺が言わないと俺は5年も牢屋に入れられちまう。5年なんてまっぴらごめんだ。よし先に自白してやるぞ」

そうしてあなたは自白してしまいます。容疑者Bもあなたの行動を不安に感じてみずから自白してしまいます。結局、2人は懲役3年になってしまうのでした。

		容疑者B	
		黙秘	自白
容疑者A	黙秘	-1,-1	-5,0
	自白	0,-5	-3,-3

表4-1

自白したほうは無罪だ。でもお前がしなくて相手が自白したら懲役5年だ
自白したほうは無罪だ。でもお前がしなくて相手が自白したら懲役5年だ

「自白」か「黙秘」か、犯人たちのジレンマ
～囚人のジレンマ②～

本当にそうなるか理論的に構造をひも解いていきましょう。容疑者Ａの最適反応を調べます。容疑者ＡはＢが戦略「黙秘」の場合、戦略「自白」のほうが高い利得を得られます。Ｂが戦略「自白」の場合、戦略「自白」のほうが高い利得を得られます。つまり容疑者Ａにとって、戦略「自白」が戦略「黙秘」を強支配していることがわかります（表4-2）。

同じように容疑者Ｂについて見てみると、Ｂも戦略「自白」が戦略「黙秘」を強支配していることがわかります（表4-3）。

したがって容疑者Ａ、Ｂは両方とも「自白」をする戦略を選ぶと高い利得を得られることがわかります。最適反応であるナッシュ均衡は1つで「自白」「自白」の組み合わせになります（表4-4）。

ところが利得表を上から眺めてみると違和感をもつ人がいるかもしれません。容疑者ＡとＢは双方で「黙秘」を選択すれば、双方ともに高い利得を手に入れられるはずです。もし容疑者ＡとＢが同じ取り調べ室にいたとしたら、警官の目を盗んで「絶対に黙秘しようぜ」と契約を交わせるかもしれません。ところが相手の戦略がわからない別々の取り調べ室ではそうした契約はできずに、相手が最適な反応を示すという推測のうえで判断しなくてはならないのです。最適反応として強支配戦略があるために、2人は戦略として「自白」を選んでしまう構造をしているのです。

		容疑者B	
		黙秘	自白
容疑者A	黙秘	~~-1~~	~~-5~~
	自白	0	-3

表4-2　容疑者 Aの利得表

		容疑者B	
		黙秘	自白
容疑者A	黙秘	~~-1~~	0
	自白	~~-5~~	-3

表4-3　容疑者Bの利得表

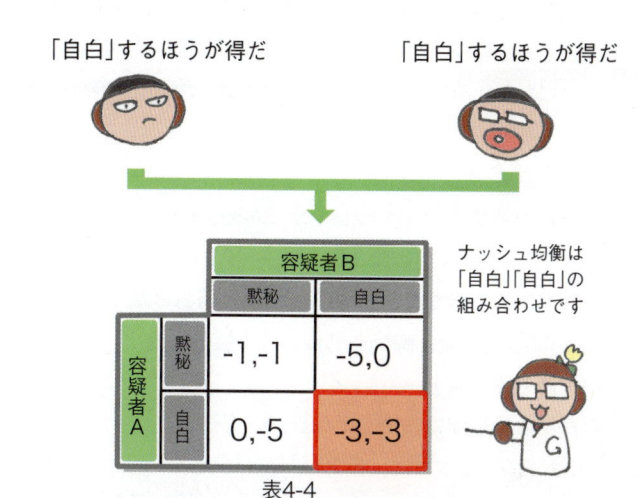

「自白」するほうが得だ

「自白」するほうが得だ

		容疑者B	
		黙秘	自白
容疑者A	黙秘	-1,-1	-5,0
	自白	0,-5	-3,-3

表4-4

ナッシュ均衡は
「自白」「自白」の
組み合わせです

戦略「自白」が「黙秘」を強支配しているため
最適な選択としてお互いに「自白」を選んでしまいます

「自白」か「黙秘」か、犯人たちのジレンマ
～囚人のジレンマ ③～

プレイヤーは思い違いをせず、自分の利得が最大になるように行動します。合理的に考えると相手は「黙秘」ではなく、「自白」することを選ぶはずです。その結果、もっとも高い利得の「懲役1年」ではなく「懲役3年」を選んでしまうのです。協調すれば高い利得を得られるのに、相手と協調できずに裏切ることを選択し、高い利得にたどり着けない。この構図が「ジレンマ」といわれる理由です。

では構造の特徴を少しくわしく見てみましょう。表4-1は囚人のジレンマの利得表です。表3-2は第3章（P.95）でチキンゲームの例として紹介した利得表です。この2つの利得表は数字は似ているところがありますが、戦略と利得の大小関係が違い、ナッシュ均衡の位置も違います。チキンゲームでは、相手が強引に「進む」を選んだ場合、自分は妥協して「逃げる」を選ぶと得をしました。しかし囚人のジレンマでは、相手が「自白」をしようが「黙秘」しようが自分は「自白」するほうが得をします。

さらに数字を簡略化して比較してみると構造の違いがよくわかります（表4-5、表4-6）。

こうした囚人のジレンマ的なゲーム構造は実社会でもさまざまな場面で見ることができます。プレイヤーを企業にして「黙秘」を高価格、「自白」を低価格にすると企業が陥る価格競争が分析できます。プレイヤーを国にして「黙秘」を軍事縮小、「自白」を軍事拡大にすると国同士の軍拡競争の分析にも役立ちます。

囚人のジレンマ

		容疑者B	
		黙秘	自白
容疑者A	黙秘	-1,-1	-5,0
	自白	0,-5	-3,-3

表4-1

チキンゲーム

		ツヨガリー夫	
		逃げる	進む
あなた	逃げる	-1,-1	-5,5
	進む	5,-5	-10,-10

表3-2　※注

		容疑者B	
		黙秘	自白
容疑者A	黙秘	-1,-1	-5,0
	自白	0,-5	-3,-3

表4-4

		ツヨガリー夫	
		逃げる	進む
あなた	逃げる	-1,-1	-5,5
	進む	5,-5	-10,-10

表3-3

簡易版 囚人のジレンマ

		B	
		黙秘	自白
A	黙秘	2,2	0,3
	自白	3,0	1,1

表4-5

簡易版 チキンゲーム

		B	
		逃げる	進む
A	逃げる	2,2	1,3
	進む	3,1	0,0

表4-6

囚人のジレンマでは
相手がどんな戦略を取ろうとも
「自白」を選択するほうが
得をします

※注：比較しやすくするためP.95の表3-2の「逃げる」「進む」の順番を入れ替えています

ウォーターゲート事件に見る囚人のジレンマ
～囚人のジレンマの実例～

1972年6月、ニクソン大統領の再選を図るグループが、ワシントンのウォーターゲートビル民主党全国委員会本部に盗聴器設置のために侵入。そして彼らの逮捕を発端に、ホワイトハウスの指示によるスパイ計画が発覚、何人もの政府高官が関与していることが明らかになったのが「ウォーターゲート事件」です。この事件の取り調べ室では、実際に囚人のジレンマが繰り広げられていました。

ワシントン連邦地方検事局のアール・J・シルバート主任検事補は、大統領の財政顧問ジョージ・G・リディと大統領の法律顧問ジョン・ディーンに協力を得るためにある取引をもちかけていたといわれています。それは事件の背景にいる黒幕の存在を証言するかわりに罪を軽減するというものでした。当初リディもディーンも罪を認めようとせず、誰も裏切ろうとしませんでした。そこでシルバート検事補は、工作活動への関与が薄いとされるディーンを裏切らせるためにいくつかの策を講じたのです。ディーンにリディと内密に話をしていると伝え、検事側の証人になったように見せかけ、さらにリディの弁護士にリディの様子をコメントするように罠を仕掛けました。そうして不安になったディーンは、近くリディが自白すると確信し、あせって先に自白したのです。

リディもディーンも黙秘を続けていたら証拠不十分で隠蔽が成功したかもしれません。しかし自分より相手が先に自白してしまうことを恐怖に感じたディーンは、結果的にリディよりも先に「裏切り」の選択肢を選ぶことになったのです。結局、この事件は多数の逮捕者をだし、ニクソン大統領は辞任に追い込まれました。

ウォーターゲート事件の
取調室で検事補は…
よし
ディーン
リディ
囚人のジレンマを仕掛けた
ディーン！
先に自白したほうの
罪を軽くしてやる
リディは先に
自白しそうだぞ
リディ
黙秘
自白
ディーン
黙秘
自白
不起訴，不起訴
懲役，微罪
微罪，懲役
軽罪，軽罪
ほら！
リディ
黙秘
自白
ディーン
黙秘
自白
不起訴，不起訴
懲役，微罪
微罪，懲役
軽罪，軽罪
言うほうが
得か….
言います
リディって実は…
ハゲなんです
見ればわかるよ！

サラリーマンはなぜサービス残業をしてしまうのか？
～サラリーマンがハマる囚人のジレンマ～

会社のためにいろいろと尽くしても、会社はなかなか適正に評価してくれないものです。残業代はでない、評価もたいして上がらないのはわかっているけど、ついついサービス残業をしてしまいます。合理的に考えるならそんなサービス残業などやめて早く帰宅したいところですが、なかなかそうできないのがサラリーマンです。サラリーマンがついついサービス残業してしまうメカニズムも、「囚人のジレンマ」で説明できます。

ある会社に勤める2人のサラリーマンのＡさんとＢさん。2人とも与えられた仕事を淡々とこなすだけだと、会社からの評価は定期昇給の1だけの利得を得ます。ＡさんかＢさんのどちらかだけがサービス残業をすると、したほうの給料は上昇し5の利得を得ますが、しなかったほうは評価が下がり－5の利得となってしまいます。ＡさんとＢさんともにサービス残業すると評価は上がるものの、相対評価で給料はたいして反映されません。とても残業で働いたぶんの利得は回収できたとはいえず、損する形の－3の利得を得ます。この場合、社員は最適反応としてどの形を選ぶかというと、双方ともに「サービス残業をする」が強支配戦略なために残業をするほうを選んでしまいます。結局、2人ともサービス残業をしてしまい－3の利得を得るのです。なにもしないほうが利得は高いと頭ではわかっていても、ついついサービス残業をしてしまうサラリーマンのジレンマがここにあります。

みんながサービス残業を進んでするために、みんな同じくらい仕事をしているように見え、会社からの評価は薄く、個人にとってムダな労働時間だけが残ってしまうのです。

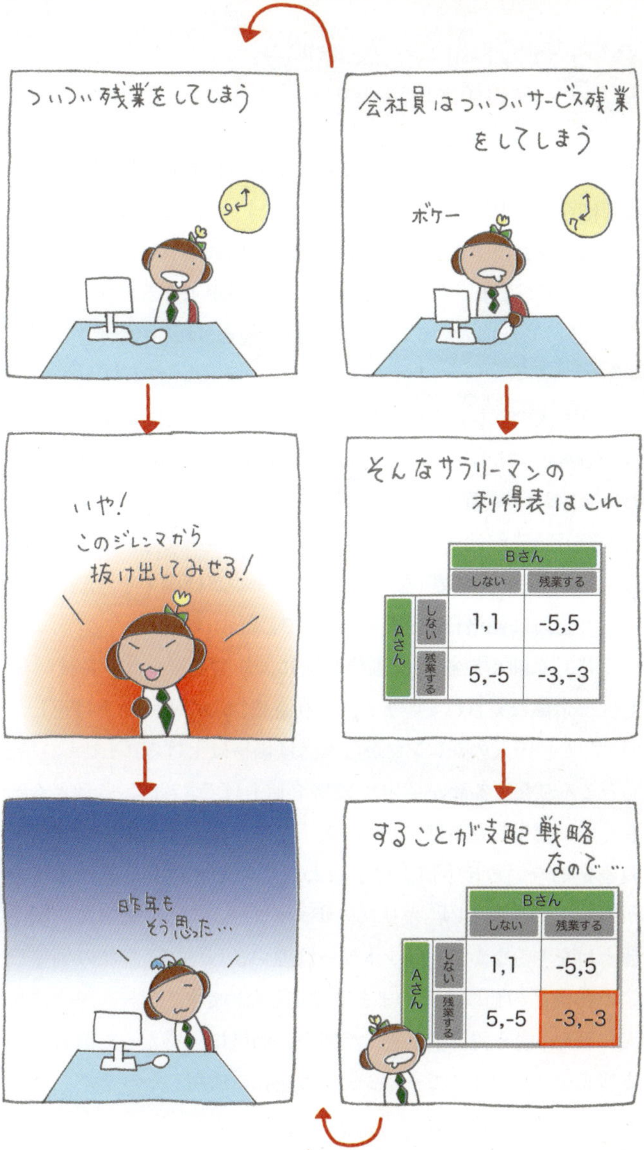
会社員はついついサービス残業をしてしまう
ボケー
そんなサラリーマンの利得表はこれ
Bさん
しない
残業する
Aさん
しない
1,1
-5,5
残業する
5,-5
-3,-3
することが支配戦略なので…
Bさん
しない
残業する
Aさん
しない
1,1
-5,5
残業する
5,-5
-3,-3
ついつい残業をしてしまう
いや!
このジレンマから
抜け出してみせる!
昨年も
そう思った…

サントリーの販売戦略
～価格設定のジレンマ～

囚人のジレンマは経済分野にも広く見られます。たとえば企業は価格競争で囚人のジレンマに陥ります。第1章の例題1(P.46)の弁当屋販売競争は強支配戦略であり、囚人のジレンマという構造をもっています。値引き合戦をして物価が下がるデフレスパイラルはこうした囚人のジレンマから引き起こされるのです。

この囚人のジレンマを武器にチャンスを活かした企業があります。2008年4月のビール系飲料の出荷ベースにおいて、業界4位のサントリーが3位のサッポロビールを上回りました。1992年に現行の統計記録が始まって以来、初のシェア逆転です。サントリーは「ジョッキ生」「金麦」などの第3のビールが好調でしたが、その最大の要因は価格「据え置き」戦略でした。

当時、原油や原材料の価格高騰により食品メーカー各社は値上げを余儀なくされていました。利益確保のために値上げをしたい。しかし囚人のジレンマから本当は価格は上げられません。

ところがもし各社が協定で価格を値上げできれば、各社ともに悪くない結果になるはずです。大手企業が独占する業界では暗黙の協定的ないっせい値上げが行われて企業の利益を確保する力が働きます。アサヒ、キリン、サッポロがほぼ同じ時期に全商品値上げをするなかで、サントリーは違いました。容器別の価格設定で缶商品の値段をそのままに設定したのです。ゲーム理論に忠実に戦略「据え置き」を選んだ結果、価格に敏感だった消費者の支持を受け、サントリーはシェアの逆転に成功したのです。

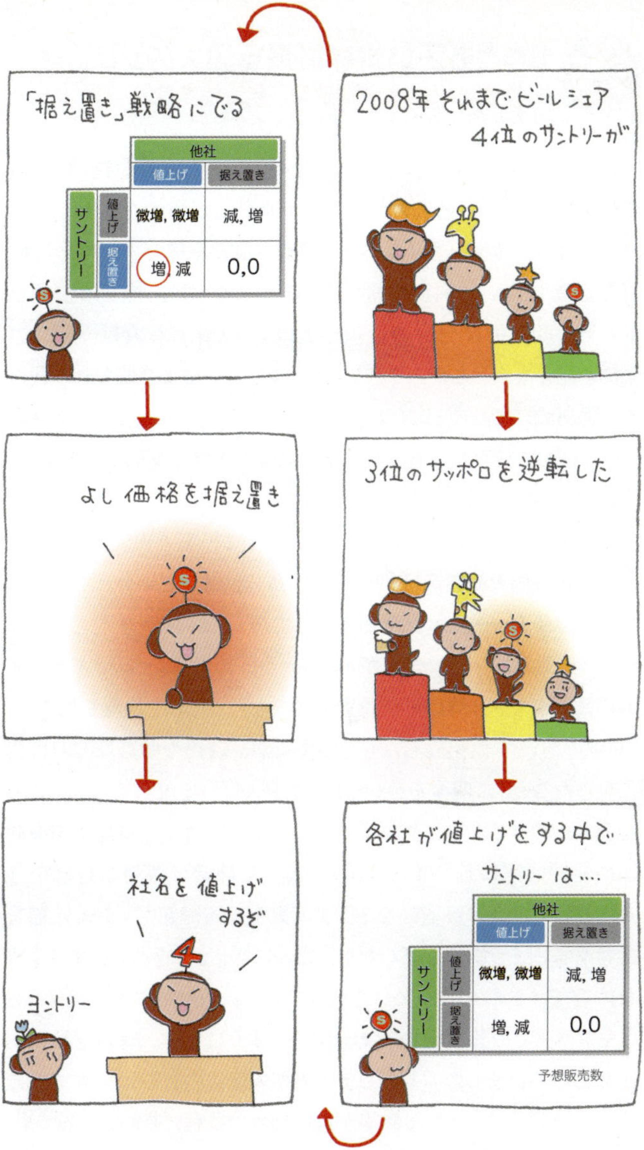
2008年 それまで ビールシェア
4位のサントリーが
3位のサッポロを逆転した
各社が値上げをする中で
サントリーは….
他社
値上げ
据え置き
サントリー
値上げ
微増, 微増
減, 増
据え置き
増, 減
0,0
予想販売数
「据え置き」戦略にでる
他社
値上げ
据え置き
サントリー
値上げ
微増, 微増
減, 増
据え置き
増, 減
0,0
よし 価格を据え置き
社名を 値上げ
するぞ
ヨントリー

もっとも汚い選挙に見る囚人のジレンマ
～41代アメリカ大統領選挙／政治世界のジレンマ ①～

政治の世界でも囚人のジレンマを見ることができます。相手の人格上の問題点や過去の汚点などを批判して信頼を失わせる選挙戦術ネガティブ・キャンペーンはその最たる例です。本来は政策を議論し合い、内容で勝負すべきはずなのに、相手の信頼を失わせ、相対的に自分の信頼を上げようとする行為は一見、愚かにも見えます。しかしこうしたキャンペーンはよく使われる戦術で、海外だけでなく日本の選挙戦でも見られます。こうした戦術がひんぱんに使われる背景は、囚人のジレンマで説明ができます。

1988年、マイケル・デュカキスとジョージ・H・W・ブッシュが争った合衆国大統領選は「もっとも汚い選挙戦」といわれた戦いでした。マサチューセッツ州知事として輝かしい経歴を残したデュカキスに対して、ウリがなかったブッシュ陣営は「デュカキスが知事時代、ボストン湾は不法投棄で汚染したがそれを放置したこと」「知事の恩赦で仮釈放したものの多くが、誘拐や強姦などの再犯に至ったこと」に関するテレビCMをひんぱんに流しました。このCMは衝撃的で世論に大反響が起こり、デュカキス候補が環境問題や犯罪問題に甘いイメージをつくって陣営に深刻な打撃を与えたのです。選挙終盤になるとデュカキス候補もブッシュ候補を批判するCMを制作しましたが、たんにブッシュをバカにするような内容でインパクトに欠けたCMでした。最終的にネガティブ・キャンペーンの報復戦が行われていくようになり、醜い選挙戦が繰り広げられました。しかしデュカキス陣営の行動は時すでに遅く、大統領選はブッシュ候補が逃げ切りの勝利に終わったのです。

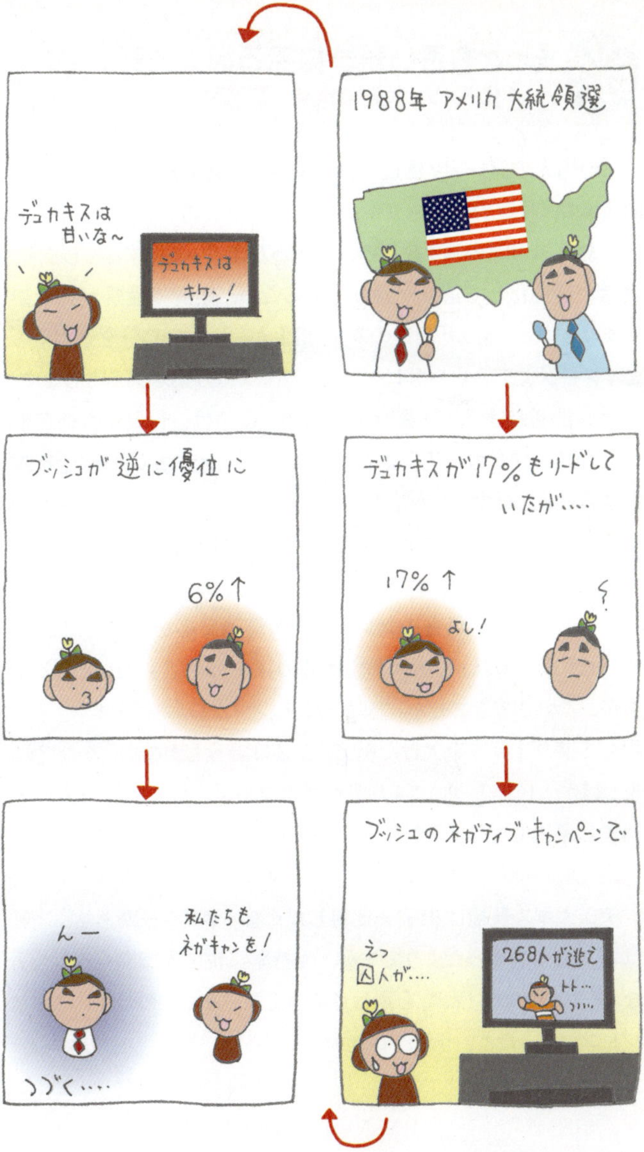
1988年 アメリカ大統領選
デュカキスが17%もリードしていたが….
17%↑
よし!
?
ブッシュのネガティブキャンペーンで
えっ 囚人が….
268人が逃亡
トト…
デュカキスは甘いな~
デュカキスはキケン!
ブッシュが逆に優位に
6%↑
んー
私たちもネガキャンを!
つづく….

もっとも汚い選挙に見る囚人のジレンマ
～41代アメリカ大統領選挙／政治世界のジレンマ ②～

この囚人のジレンマ構造を少しくわしく見てみましょう。簡易的に戦略「政策のみ」「ネガキャン」をもつ2人のプレイヤーがいるとします。「政策のみ」「政策のみ」では5万票ずつ獲得するとします。議論が活性化して選挙が盛り上がるため、累計で投票が10万票集まります。自分が「政策のみ」、相手が「ネガキャン」を選択するとイメージ低下から自分は1万票、相手に6万票が入るとします。相手の批判だけだと議論の盛り上がりに欠け、得票率も伸び悩むため累計投票数は7万票です。「ネガキャン」「ネガキャン」を選択すると3万票ずつしか取れません。むごい批判戦になり議論の盛り上がりがさらに欠けるので、累計投票は6万票です。

こうしたなかで双方のプレイヤーの最適反応を見てください。本当は「政策のみ」を選択し、多くの票を分け合いたいところですが、それができません。囚人のジレンマから「ネガキャン」を選択して盛り上がりを欠けた6万票を分け合うしかなくなるのです。もしほかの候補者がいて4万票が当選ラインだとすると、2人の候補者は落選してしまうかもしれないのです。

デュカキス候補は相手を批判したくないポリシーがあり、当初は取り合わなかったようですが、支持率に開きがでてくると仕方なく「ネガキャン」戦略を選ばざるをえなくなったのです。まさにジレンマだったというわけです。

デュカキスは相手を
批判したくなかった
政策で…
戦うべき
しかし
候補者B
政策
ネガキャン
候補者A
政策
ネガキャン
5,5
1,6
6,1
3,3
んー
ネガキャンにでることにした
候補者B
政策
ネガキャン
候補者A
政策
ネガキャン
5,5
1,6
6,1
3,3
しょうがない
しかし….
インパクトは弱く
タイミングも遅く…
これは
なんかな～
ブッシュは
アホ
その結果….
スタート遅かったから
まだ
ネガキャン
している…
ブッシュのアホ
アホ
アホ
アホ

マフィアはなぜ組織を裏切らないのか？
～容疑者が「裏切り」を選択しないケース～

囚人のジレンマのゲームモデルでは、自分の利得のために仲間を裏切る構造をしています。しかし刑事事件弁護士や警察関係者の話によりますと、取り調べ室の現場ではたやすく仲間を裏切ることはないといいます。特に諸外国では取り調べにかける時間も回数も少なく、自白率は40～60％程度と高くなく、重要事件になると自白はまれです。また犯人が大きな犯罪組織に所属しているとさらに自白率は低くなります。そうマフィアは組織を裏切らないのです。これはなぜでしょうか？ もしかして囚人のジレンマのモデルが間違っているのでしょうか？

いいえ、違います。答えは簡単。囚人のジレンマと利得が大きく異なるのです。囚人のジレンマの基本モデルをまとめてみます（表4-1）。では次にマフィアの囚人のジレンマモデルを見てください（表4-7）。囚人のジレンマの基本モデルとは大きく異なっています。そう、警察に協力したプレイヤーは、組織から確実に殺されてしまうのです。組織から殺されることを知っているプレイヤーは警察への協力を拒み、黙秘を続けて刑務所に行くことになるのです。プレイヤーが合理的に考えた結果、もっとも自分の利得が高い戦略を取ろうとしているだけなのです。囚人のジレンマを克服したのではなく、そもそもゲームが違うのです。

警察も指をくわえて見ているわけではありません。司法取引が盛んなアメリカでは「証人保護プログラム」というシステムがあります。これはマフィアの報復行動から証人を保護するために生まれたもので、証言をした人を完全な別人にして政府極秘の場所で居住させ、保護するというものです。

容疑者は裏切る
よし!
全部言います
しかしマフィアは裏切らない
フン
それは利得表が違う
囚人のジレンマはこれ
マフィアのジレンマはこれ
よし
証人保護プログラムで守ってやる
コレ
商人だろ!
いらっしゃーい
武器あります

		容疑者B	
		黙秘	自白
容疑者A	黙秘	-1,-1	-5,0
	自白	0,-5	-3,-3

表4-1

		容疑者B	
		黙秘	自白
容疑者A	黙秘	-1,-1	-5, 死
	自白	死 ,-5	死 , 死

表4-7

「自白」は組織から死の制裁

囚人のジレンマが繰り返し行われたら？
～反復囚人のジレンマ～

少し視点を変えて考えてみましょう。囚人のジレンマゲームが繰り返し行われたら結果は異なるでしょうか？　捕まった容疑者は1回きりの選択だったので容易に仲間を裏切りましたが、こうしたことが何度も繰り返されたら相手と協調したくなるのではないでしょうか？

いえ残念ながら協調、協力は行われません。表4-8にあるモデルを100回繰り返すことを考えてみましょう。黙秘を協調、自白を裏切りと置き換えます。2人が裏切りを続ければ100回すべてが利得1にしかなりません。しかし協調を続ければ毎回3の利得を得られます。なんとか協調からスタートしてずっと協調関係にならないかと思うかもしれませんが、それはかなわないのです。

もし2人のプレイヤーが合理的だったとしたら、最終回の100回目に注目してどんな戦略を取るか考えてみます。最終回、プレイヤーは協調を選択するより裏切りを選択するほうが利得は高くなるのです。したがって100回目の最適反応は「裏切り」です。では99回目のゲームはどうでしょう。99回目のゲームも同じ考えから、プレイヤーは「裏切り」を選びたくなります。「裏切り」を選びたくないのは、次のゲームで相手が「協調」を選んでくれるかもという淡い期待があるからです。しかし100回目は確実に「裏切り」が選ばれます。すると99回目で「協調」を選ぶ理由がなくなります。99回目は「裏切り」が最適反応で間違いありません。では98回目は……と続けていくと1回目も「裏切り」を選ぶことが最適であるのです。単純に回数を何度繰り返しても囚人のジレンマからは逃れられないのです。

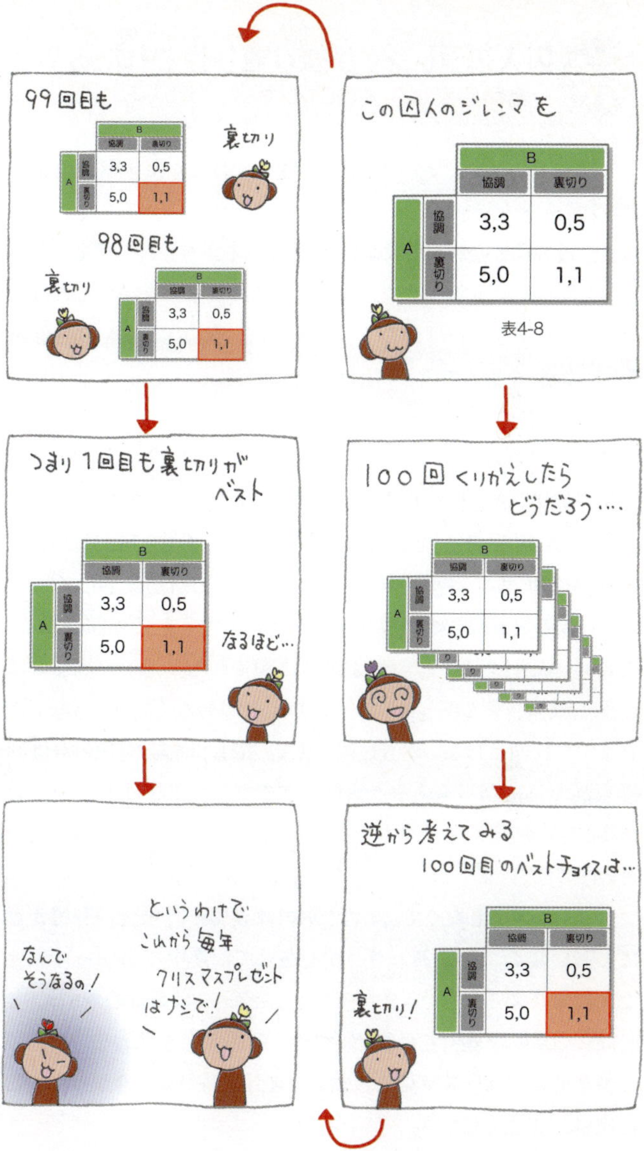
この囚人のジレンマを
B
協調
裏切り
A
協調
3,3
0,5
裏切り
5,0
1,1
表4-8
100回くりかえしたら
どうだろう….
逆から考えてみる
100回目のベストチョイスは…
裏切り!
99回目も
裏切り
98回目も
裏切り
つまり1回目も裏切りがベスト
なるほど…
というわけで
これから毎年
クリスマスプレゼントはナシで!
なんでそうなるの!

囚人のジレンマが繰り返し行われたら？
～無限回反復囚人のジレンマ～

では囚人のジレンマゲームが回数限定ではなく、無限に繰り広げられたらどうでしょう？　最後の回で「裏切り」が選択されるならば、最終回がなければ「協調」が選ばれるかもしれません。なかなか無限回の設定はできなくても、明確に終わりを設定しなければいいでしょう。合理的な人が「協調」を選ぶのは、次の回で相手も「協調」を選んでほしいと願うからです。

囚人のジレンマモデルを「協調」「協調」で3回繰り返してみましょう。累計でAとBの2人の利得は9になりました。ところが突然、4回目にAが「裏切り」を選択したのです。怒ったBも5回目から「裏切り」を選択して、「裏切り」「裏切り」のまま10回が終了しました。そのときの累計はAの利得が20、Bは15です。もし10回目まで2人とも「協調」を選んでいれば利得は30でした。途中で裏切れば利得が減り、そこからさらに「裏切り」を続けなくてはいけなくなります。11回目はないかもしれません。でも「協調」を続ければ利得も高く、11回目もあると期待できます。つまり目の前の安い利得に目がくらんで、途中で「裏切る」ことはプラスには働かないということです。

もう1つ考慮しなくてはいけないのは裏切った場合の利得がとても高い場合で、最初わざと安心させて、途中で裏切って大きな利得を得ることもできます。こうしたケースは新規の取引先が、しばらく無難な取引したあとに突然、商品代金を払わないで逃げる企業詐欺のケースで見られます。取引関係が浅いなかでの大口注文はご注意ください。

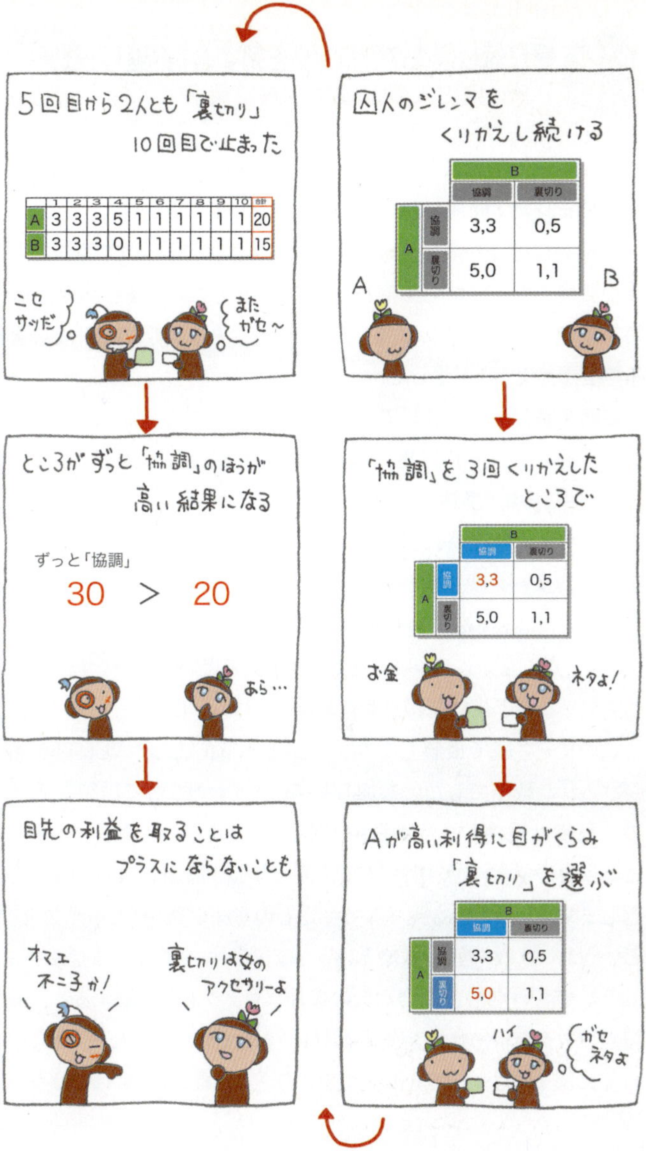

囚人のジレンマを
くりかえし続ける
B
協調 裏切り
A
協調 3,3 0,5
裏切り 5,0 1,1
A
B
「協調」を3回くりかえした
ところで
B
協調 裏切り
A
協調 3,3 0,5
裏切り 5,0 1,1
お金
ネタよ！
Aが高い利得に目がくらみ
「裏切り」を選ぶ
B
協調 裏切り
A
協調 3,3 0,5
裏切り 5,0 1,1
ハイ
ガセ
ネタよ
5回目から2人とも「裏切り」
10回目で止まった
1 2 3 4 5 6 7 8 9 10 合計
A 3 3 3 5 1 1 1 1 1 1 20
B 3 3 3 0 1 1 1 1 1 1 15
ニセ
サツだ
また
ガセ〜
ところがずっと「協調」のほうが
高い結果になる
ずっと「協調」
30 > 20
あら…
目先の利益を取ることは
プラスにならないことも
オマエ
不二子か！
裏切りは女の
アクセサリーよ

繰り返し囚人のジレンマを制する「お返し」戦略
～第1回囚人のジレンマ・リーグ戦～

ミシガン大学で政治学を教えるロバート・アクセルロッドは、囚人のジレンマ問題でおもしろい試みをしました。彼はゲーム理論の権威に呼びかけて、繰り返される囚人のジレンマでもっとも高い得点をだすプログラムリーグ戦を開催したのです。複雑な戦略で構成される多彩な環境で、どのようなタイプの戦略が成功するのか調べようとしました。

戦略を提出したのは経済学、社会学、数学などを専門とするゲーム理論家で、合計14組の戦略が集まりました。プログラムはゲーム1回ごとに「協調」するか、「裏切る」かを独自のルールで行うものです。この戦略にランダムプログラムを1つ加えて15組で総当たりのリーグ戦を実施しました。1ゲームは200回、繰り返されるモデルは表4-9にある簡単な囚人のジレンマで、互いに協調すると3点、互いに裏切ると1点がもらえるというものです。そうしてゲーム終了後に総得点から順位がつけられました。

このリーグ戦で優勝したのは「Tip for Tat(しっぺ返し)」と名づけられた戦略でした。参加したプログラムのなかで単純な戦略で、最初は協調し、次から相手が直前に取った戦略をマネするというものです。「裏切り」には「裏切り」、「協調」には「協調」を返します。いいものも返すので仕返しの意味が強い「しっぺ返し」というよりは「お返し」戦略といったほうがいいかもしれません。

そして高い点数と低い点数の参加プログラムを比較すると、高得点プログラムには大きな特徴が1つありました。それは「自分から先に裏切らない」でした。相手より先に「裏切」ってはいけないのです。

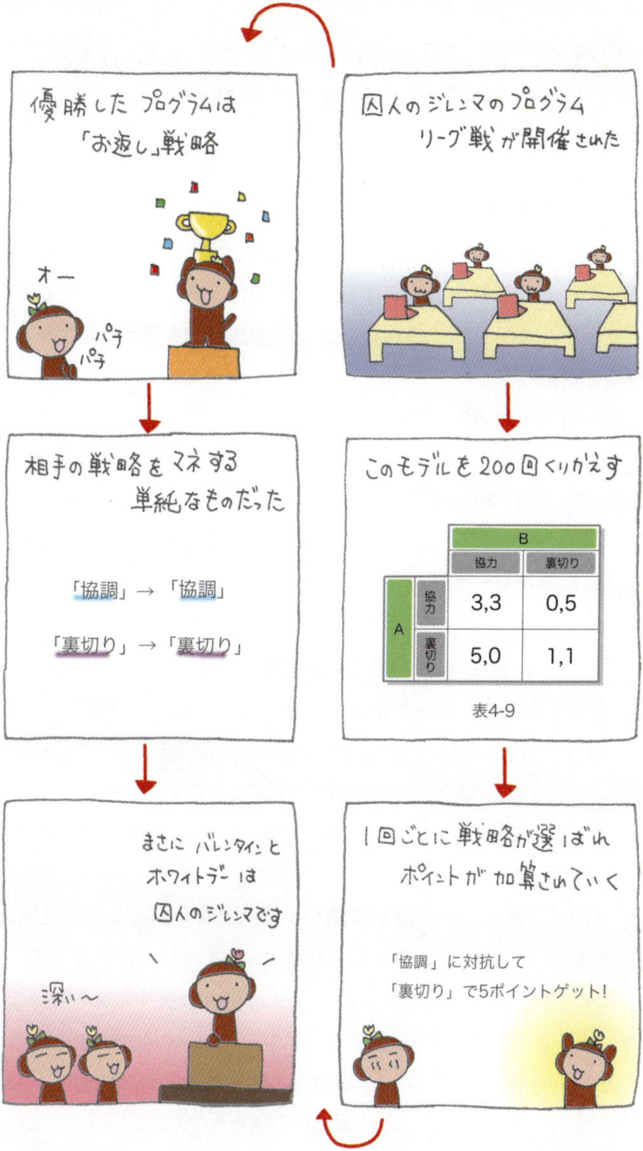
囚人のジレンマのプログラム
リーグ戦が開催された
このモデルを200回くりかえす

		B	
		協力	裏切り
A	協力	3,3	0,5
	裏切り	5,0	1,1

表4-9
1回ごとに戦略が選ばれ
ポイントが加算されていく
「協調」に対抗して
「裏切り」で5ポイントゲット!
優勝したプログラムは
「お返し」戦略
オー
パチ
パチ
相手の戦略をマネする
単純なものだった
「協調」→「協調」
「裏切り」→「裏切り」
まさに バレンタインと
ホワイトデーは
囚人のジレンマです
深い～

繰り返し囚人のジレンマを制する「お返し」戦略
～第2回囚人のジレンマ・リーグ戦～

この結果を受けてロバート・アクセルロッドは、2回目のプログラムリーグ戦を開催しました。今度は6カ国から62組が参加し、1回目に参加した学問分野に加え、進化生物学や物理学、コンピュータ科学の教授も加わりました。参加者全員には第1回の結果がくわしく説明され、それを踏まえて参加者はさまざまなプログラムを用意しました。

その結果、優勝したのは第1回で優勝した「お返し」のプログラムでした。当然、これは用意された囚人のジレンマモデルの利得配分（5、3、1、0）の影響が大きいかもしれません。利得が異なれば異なったプログラムが好成績を上げる可能性もあります。しかしこの戦略は私たちに多くの教訓をもたらしました。

1. 自分から「裏切り」を選んではいけないこと。
2. 自分から裏切らないが相手が裏切ったら、迅速に懲罰的に「裏切り」を選ぶことです。そうして相手が「協調」に戻ったら、根にもたずに、すみやかに「協調」を選ぶことです。感情的には「倍返し」を選びたいところですが、それでは高い点数を得られないのです。
3. 相手に「裏切り」は損な戦略であることをわかるように説明、行動をします。まわりくどい表現はいけません。

このブログラムは囚人のジレンマを解消、解決するものではなく、あくまでも高い利得をつくる思考パターンの1つです。人と人が関わりながら「協調」と「裏切り」を繰り返すこの社会で、なにか役立つ思考であることは間違いなさそうです。

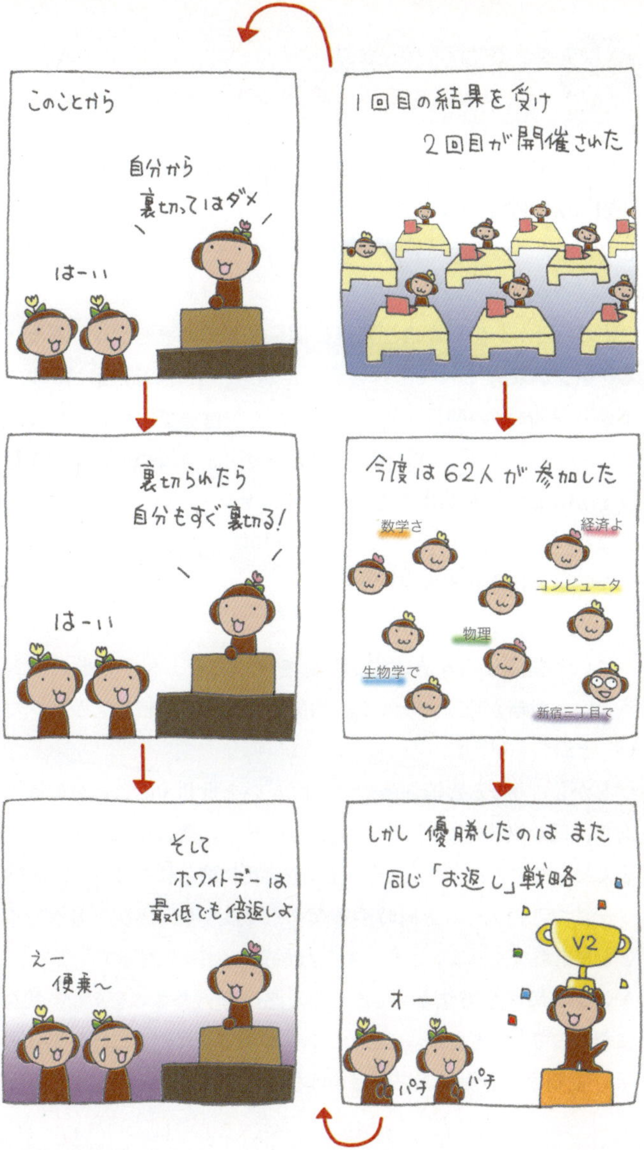
1回目の結果を受け
2回目が開催された
今度は62人が参加した
数学さ
経済よ
コンピュータ
物理
生物学で
新宿三丁目で
しかし 優勝したのは また
同じ「お返し」戦略
V2
オー
パチ
パチ
このことから
自分から
裏切ってはダメ
はーい
裏切られたら
自分もすぐ裏切る!
はーい
そして
ホワイトデーは
最低でも倍返しよ
えー
便乗〜

合コンの必勝法
～合コンにおける囚人のジレンマ ①～

序章で紹介した「合コンで絶対に取ってはいけない行動」(P.18～21)のあなたとケンジのゲームも、囚人のジレンマと同じ構造をしています。

あなたとケンジの戦略と利得の関係を見てみましょう。あなたとケンジが双方で悪口を言い合った場合、双方の評価は微妙に下がり－2ずつの利得を得ます。あなたが言って、ケンジが言わない場合は、ケンジの評価は－3と下がり、あなたの評価は1だけ上がります。逆にあなたが言わずにケンジだけが言った場合、あなたの評価は－3で、ケンジは1の利得を得ます。両者とも言わない場合は変化なしで0です。

この利得表から双方の最適反応を調べると、相手の悪口を言うという戦略が唯一のナッシュ均衡であり、その戦略しか選べないことがわかります。

しかしこうなると消耗戦です。お互いを批判することが最適であり、低い利得を分け合うしかありません。世の中にイイ男はごまんといます。あっさり帰られてほかの男に取られるのがオチです。

そこでこのゲームを同時手番ゲームではなく、逐次手番ゲームとしてとらえてみましょう。あなたが先に悪口を言ってしまうと、ケンジは最適な方法としてあなたの悪口を言わざるをえない状況になるのです。したがってこのジレンマから抜けだすには、先に相手を批判する行動を取ってはいけないのです。

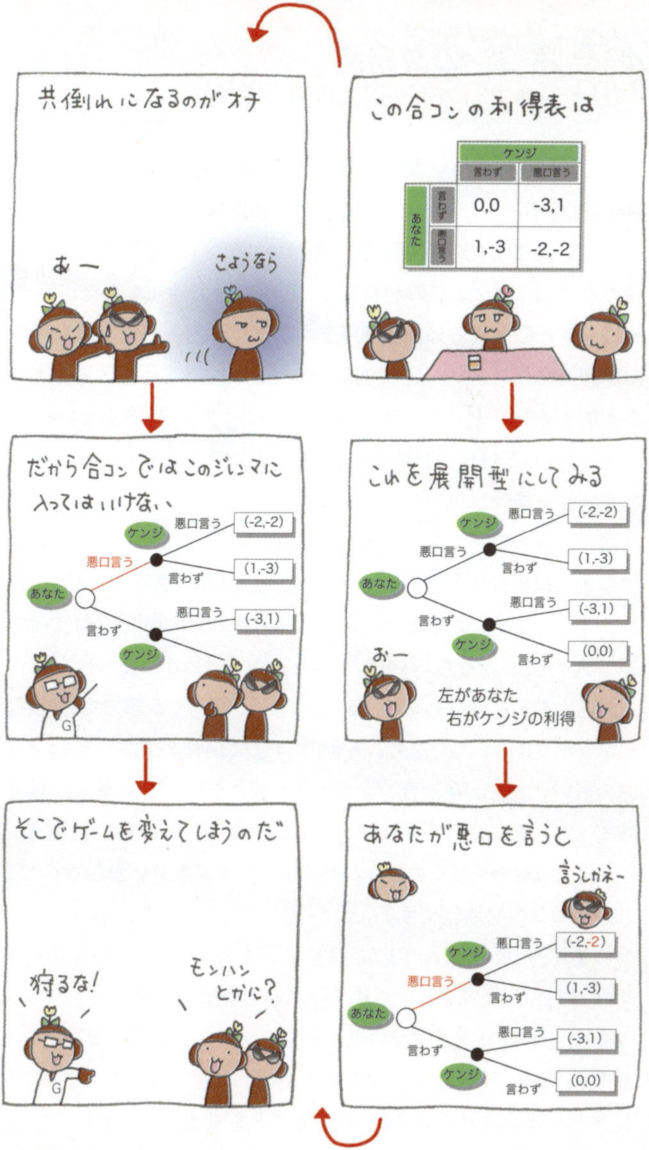
この合コンの利得表は
ケンジ
言わず
悪口言う
あなた
言わず
0,0
-3,1
悪口言う
1,-3
-2,-2
これを展開型にしてみる
あなた
悪口言う
ケンジ
悪口言う
(-2,-2)
言わず
(1,-3)
言わず
ケンジ
悪口言う
(-3,1)
言わず
(0,0)
おー
左があなた
右がケンジの利得
あなたが悪口を言うと
言うしかネー
あなた
悪口言う
ケンジ
悪口言う
(-2,-2)
言わず
(1,-3)
言わず
ケンジ
悪口言う
(-3,1)
言わず
(0,0)
共倒れになるのがオチ
あー
さようなら
だから合コンではこのジレンマに入ってはいけない
あなた
悪口言う
ケンジ
悪口言う
(-2,-2)
言わず
(1,-3)
言わず
ケンジ
悪口言う
(-3,1)
言わず
G
そこでゲームを変えてしまうのだ
狩るな!
モンハンとかに?
G

合コンの必勝法
～合コンにおける囚人のジレンマ ②～

そこで戦略と利得を変化させ、ゲームを変えてしまいましょう。戦略を「ほめる」「ほめない」とします。利得は両方がほめ合うと2の利得を得ます（表4-10）。自分がほめてケンジがほめないと、自分の利得は1でケンジの利得は3。相手をほめられる人は、心理的にやや評価される傾向があります。直接評価される人はもちろん高評価になります。双方でほめないと0のままです。するとナッシュ均衡が2つできました。自分「ほめる」ケンジ「ほめない」と、ケンジ「ほめる」自分「ほめない」です。これで少なくても第三者に取られる可能性は減りました。

次にどちらのナッシュ均衡を取るかという問題です。簡単なのは順番にほめる相手を変えるのです。また「相関戦略」（P.86）を使う手もあります。たとえばケンジと待ち合わせの場所で次に前を通る人の服が赤なら「自分ほめる・ケンジほめない」、青なら「ケンジほめる・自分ほめない」など、偶然に依存する形です。前回、ケンジがうまくいったなら、今回は自分に譲れと交渉し契約を結ぶのもいいでしょう。合コンが1回かぎりなら、この交渉は無意味ですが、継続して行われるならば、ケンジはその条件に従うでしょう。なぜならばそのほうが彼のメリットが大きいからです。これが合コンの必勝法です。

つまり合コンでは相手の悪口を言い合うというジレンマ構造から抜けだし、合意のもとで相手をほめる戦略が有効です。ジレンマを何度も繰り返してはいけません。ゲームを変えるか、ゲームを無限回続くような設定にしなくてはいけないのです。このようにゲーム理論は私たちにいろいろなことを教えてくれます。

つまりゲームの戦略と利得を変えてしまう
ケンジ
言わず
悪口言う
あなた
言わず　0,0　-3,1
悪口言う　1,-3　-2,-2
「ほめる」と「ほめない」に
しゅー
?
へえー
あいつすごくて
利得表はこれ
ケンジ
ほめる
ほめない
あなた
ほめる　2,2　1,3
ほめない　3,1　0,0
表4-10
ナッシュ均衡はこう
ケンジ
ほめる
ほめない
あなた
ほめる　2,2　1,3
ほめない　3,1　0,0
つまり順番で相手を「ほめる」
いやいや
ケンジすごい
さらにくりかえすことで裏切りもなくなる
159回目だぜ
158回目おわった

社会的ジレンマ
～社会的ジレンマとは?～

ある大きな花火大会の会場に行ったあなたは、予想以上に混雑しているのに驚きました。しかもよく見える場所は入場制限がかかってしまい、もう入れません。入場禁止の場所にはもうすでに大勢の人がいるので、自分たちのグループぐらい入ってもまったく影響がないでしょう。そこで警備員に「俺たちだけ入れてくれよ」と交渉しましたが入れてもらえません。入れてもらえることであなたの仲間たちは得をしますが、すでに入っている人たちは「危険性が増すだろう」「早くきて並んだのに」と、影響は少なくても損をします。こうした個人の合理的な選択が社会の最適な戦略と一致しないところから起こる葛藤を「社会的ジレンマ」といいます。

こうしたジレンマは私たちの周りに山積みになっています。特に二酸化炭素排出による地球温暖化問題は社会的ジレンマの最たる例です。自分も他人も車や電化製品などの使用を控えるべきなのかもしれませんが、1人ひとりが排出する量はきわめて少なく、悪いものという実感がわきにくいものです。自分も他人も車や電化製品を使用しなければ、地球のためにいいのはわかっている。しかし自分だけ裏切って自由に使えれば、本人の利得は大きいが社会全体がごくわずかに困る。自分だけやっても影響ないという誘惑は強くあります。

自分にとっても他人にとっても、車や電化製品を「使用する」戦略が支配戦略のため、全体で「使用する」ことを選んでしまい、地球環境はどんどん悪化してしまうのです。

地球温暖化の主な原因は
ハァハァ
社会活動による温室効果ガスの増加と言われる
自分も他人も排出製品を使わないのが一番よいが
うん
つかうのやめよう!
自分だけは裏切って使いたくなってしまう
ゴー
結局みんなが使ってしまい温暖化が進んでしまう
ゴー
ゴー
あ

なぜ上司は仕事をサボるのか？
～社会的ジレンマ①／フリーライダー問題 その1～

高い給料をもらっていながら働かない上司、仕事をしているフリをしてゲームをしている同僚、プレゼンがうまくいったときだけ急にリーダーの雰囲気をだす先輩。会社にはこうした人たちが暗躍しています。こうした人たちはフリーライダー（ただ乗り）と呼ばれ近年増加傾向にあります。フリーライダーは会社だけでなく、税金を払わないで公共サービスを受ける人、列に横入りする人なども同じです。他人に費用や行動をさせておいて、自分はなにもせずにその恩恵に預かろうという人です。職場にこうした人たちがいると大きな弊害を生みます。なぜかこのフリーライダーは新しいライダーを生み、次第にどんどん増殖してしまうのです。なぜ会社はこうしたライダーを増やすのでしょうか？

フリーライダーの「上司」と「ほかの社員」でゲームの利得表をつくります。上司は「仕事する」、ほかの社員は「仕事する」の戦略では社員2、上司3（1.5倍）の利得を得ます。互いに「しない」は利益を生まずに0です。上司は「仕事する」、ほかの社員は「仕事しない」では上司は多くの社員のぶんまで働かないといけませんから、多くの労力を使い利得－5を得ます。ほかの社員は上司ががんばって働いてくれるので楽できて3の利得を得ます。上司は「しない」でほかの社員は「仕事する」と上司は楽できるので利得5（大勢が働くので利得は大きい）、社員は上司のぶんまで働くので利得1（働かないのは1人なので損害は少なくてすむ）です。この利得表が表4-11です。利得表からわかるように上司「しない」は支配戦略のため、上司は仕事をしなくなってしまうのです。

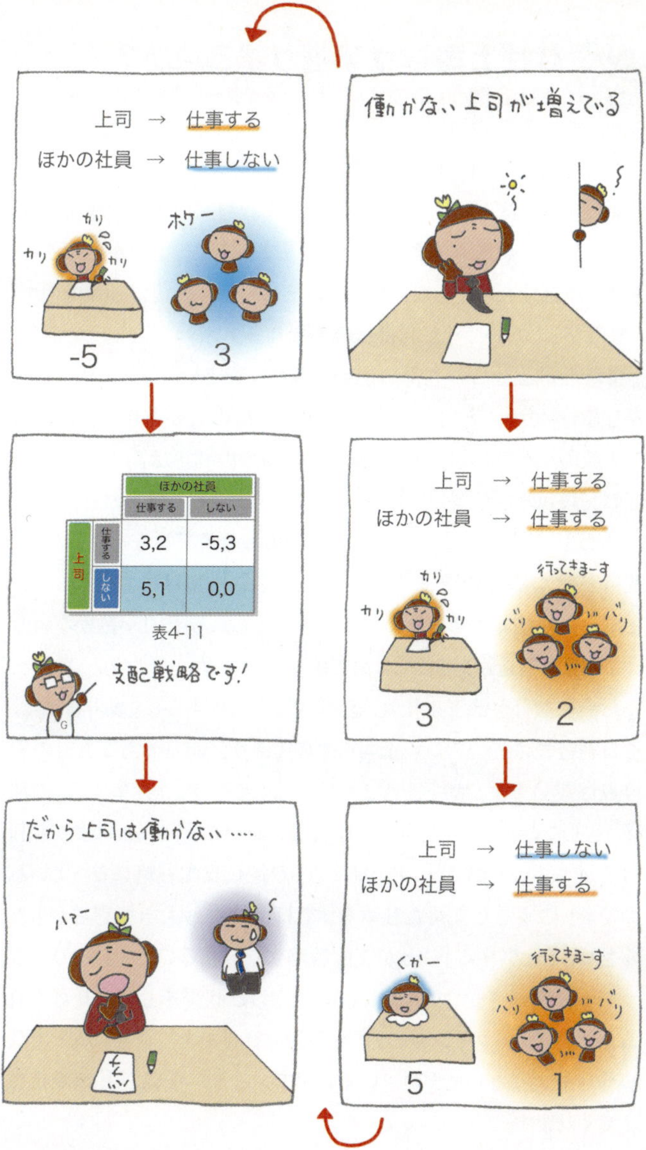

		ほかの社員	
		仕事する	しない
上司	仕事する	3,2	-5,3
	しない	5,1	0,0

表4-11

なぜ上司は仕事をサボるのか？
～社会的ジレンマ①／フリーライダー問題 その2～

上司にとって「しない」は支配戦略でしたが、ほかの社員にとっては「しない」は支配戦略ではありません。お互いに「しない」を選択すると会社が成り立たなくなってしまいます。上司が仕事をしなければ自分たちがしなくてはいけませんし、上司が仕事をしてくれるならしないほうが利得は高くなります。

また上司と社員の利得の違いを見てください。「仕事する」「仕事しない」では、上司と社員で大きな利得の差があります。上司は多数のなかの1人なので、働かない場合の利得は高く、働く場合の利得はとても低くなります（5と－5）、しかしほかの社員の差は（3と1）です。つまり、どちらかが働かなくてはならないなら、社員が働くと効率がいい構造です。さらに上司は権力をもっています。より強くより多くのメリットを得られる上司が働かないのはこうした構造があるからなのです。

しかし上司が部下より人一倍働くことはめずらしくありません。この利得表は能力のない上司のものであり、能力のある上司の利得表は違います。部下をうまく使うことができ、「仕事する」の利得が「しない」よりも上回り、社員がしなくても「しない」よりも利得を増やすことができ、「仕事する」が逆に支配戦略になっているのです。こうした上司と仕事をすれば、社員も大きな利益がもたらされ、「仕事する」ことが支配戦略になりえるのです。フリーライダーを増殖させないためには、こうした利得をしっかり得られる会社側の「インセンティブ」の存在が重要です。企業はムチで仕事をさせようとしますが、いやいやアメこそが重要だと理論は教えてくれます。

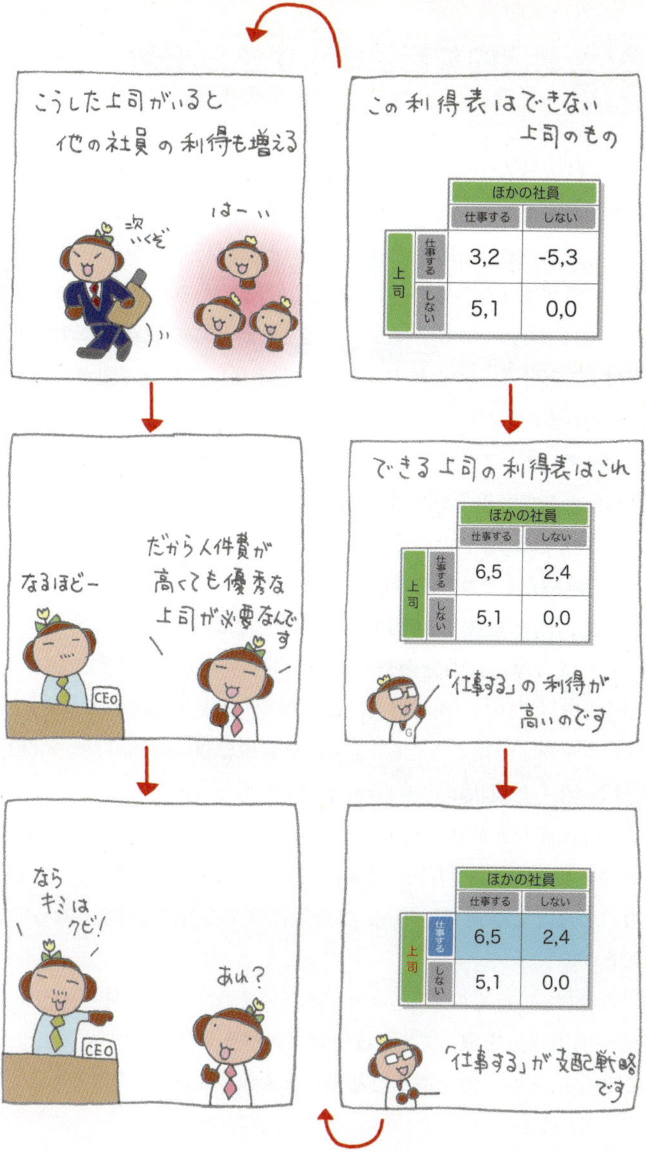

		ほかの社員	
		仕事する	しない
上司	仕事する	3,2	-5,3
	しない	5,1	0,0

		ほかの社員	
		仕事する	しない
上司	仕事する	6,5	2,4
	しない	5,1	0,0

		ほかの社員	
		仕事する	しない
上司	仕事する	6,5	2,4
	しない	5,1	0,0

利己的な利益追求が生む未来
～社会的ジレンマ②／共有地の悲劇～

ある村の村人が郊外によい牧草地を見つけました。村人はそこで牛を放牧して育てることにしました。牧草地は牛100頭ぶんの牧草しかないので、10人の村人はそれぞれが10頭ずつ牛をそこに放して育てました。この牛は1頭100万円で売ることができます。牧草地は100頭で均衡が取れていましたが、この牧草地に牛が1頭増えると牧草が少し減り、牛は体重不足になり売却額が1万円減ってしまいます。以後、1頭増えるごとに牛の価値は1万円ずつ下がってしまいます。このようなケースでは1頭あたりの価値が下がったとしても牛を増やすべきなのでしょうか？ それとも100頭を維持するほうがいいのでしょうか？

「現状維持だと100万円×10頭で1,000万円の価値だが、1頭増やすと99万円×11頭で1,089万円。増やしたほうが得でねぇか」

村人は合理的に牛を増やすほうが自分のメリットと考えます。

それを見ていたほかの村人は俺も増やそうと牛を連れてきます。全員が1頭ずつ増やしたら、1人の総資産は90万円×11頭で990万円。なんと現状維持の1,000万円よりも下がってしまいました。これは大変だと最初の村人はさらに牛を1頭増やし、総予算は89万円×12頭で1,068万円。するとほかの村人も……と次第に牛の数はどんどん増えてしまい、牧草地は使いものにならなくなってしまいます。

これは「共有地の悲劇」と呼ばれるモデルで、集合体の中で全員が協調行動を取っていれば全員にメリットがあるのに、利己的な利益追求の行動を取った結果、誰もがデメリットをこうむるというモデルをいいます。

ある村に共有地があった
10人10頭でバランスがとれていた
10
10
10
10
10
10
ひとりが欲をだして牛を増やしてしまう
ヒヒヒ…
10+1
もー
みんなも増やしてしまい共有地はボロボロに
これが共有地の悲劇
さらに巨人もやってくると…
えー
共有地の進撃
オイ!

パレート最適とは？
〜囚人のジレンマのパレート最適（効率的）①〜

ゲーム理論ではパレート支配やパレート最適といった言葉がでてきます。大事な概念なのですがややこしいものなので、少しくわしく説明したいと思います。

囚人のジレンマでは「自白」「自白」がナッシュ均衡であり、2人のプレイヤーの最適反応でした。「自白」「自白」の組は両方のプレイヤーに利得1を与えます。しかし「黙秘」「黙秘」の組だと利得は双方ともに3になり、「自白」「自白」の利得を上回ります。このとき「黙秘」「黙秘」の戦略の組は、「自白」「自白」の戦略の組をパレート支配しているといいます。

ある戦略の組Zをパレート支配する戦略の組がほかにないとき、Zはパレート最適、もしくはパレート効率的であるといいます。言い換えれば「ある者の状態をよりよくするためには、ほかの誰かの状態を犠牲にしなくてはならない状態」のことです。

パレート最適もパレート効率的も同じことをいっているのですが、どちらも誤解を招く表現です。パレートとは経済用語としてもよく使われており、資源配分に対する概念です。「最適」というともっとも高く賢いこと、順序的にもっともよいように思われがちですが、全員にとっていちばんよい選択がパレート最適というわけではありません。パレート最適だからといって、ほかの戦略をすべてパレート支配しているわけではないのです。またパレート効率的といっても、生産的な「効率性」を指しているわけではありません。パレート効率的は個人のニーズや利得を考えに入れたものであり、「効率的」というニュアンスも少し違います。

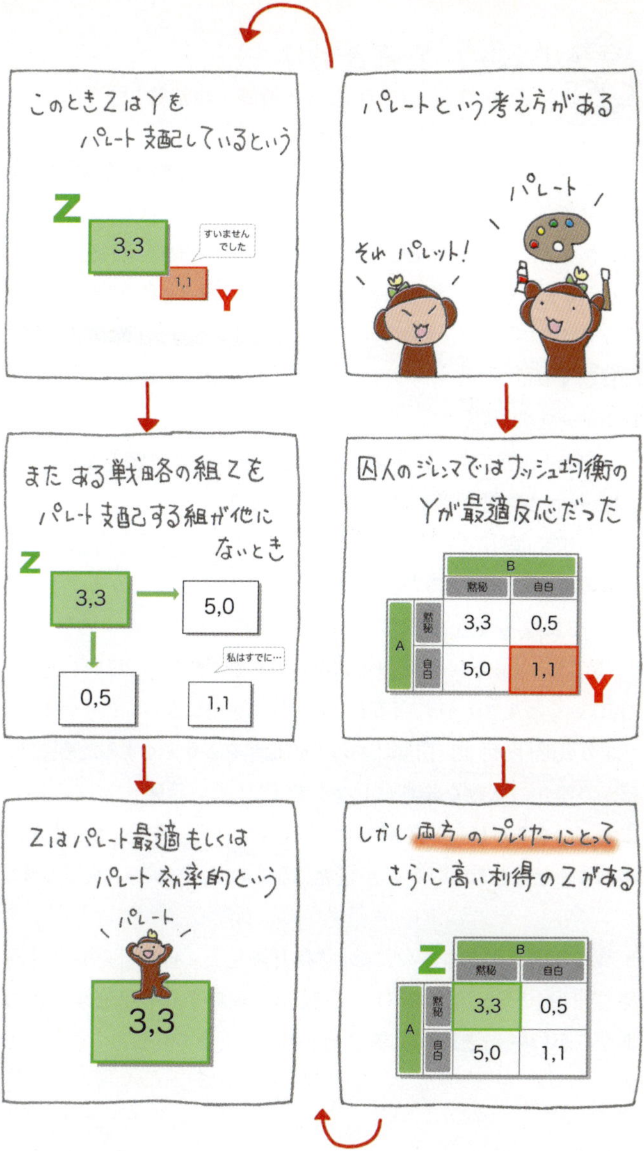
パレートという考え方がある
パレート
それ パレット!
囚人のジレンマではナッシュ均衡の
Yが最適反応だった
B
黙秘 自白
A
黙秘 3,3 0,5
自白 5,0 1,1
Y
しかし両方のプレイヤーにとって
さらに高い利得のZがある
Z
B
黙秘 自白
A
黙秘 3,3 0,5
自白 5,0 1,1
このときZはYを
パレート支配しているという
Z
3,3
すいません
でした
1,1
Y
またある戦略の組Zを
パレート支配する組が他に
ないとき
Z
3,3
5,0
0,5
私はすでに…
1,1
Zはパレート最適もしくは
パレート効率的という
パレート
3,3

パレート最適とは？
～囚人のジレンマのパレート最適（効率的）②～

では囚人のジレンマにおけるパレート最適（効率的）を少しくわしく見てみます。囚人のジレンマの戦略「自白」「自白」は戦略「黙秘」「黙秘」にパレート支配されています。では戦略「黙秘」「黙秘」はどうでしょう？　「黙秘」「黙秘」から別の戦略の組に移動すると、少なくても誰か1人の利得が下がってしまいます。「黙秘」「自白」に移動すれば、プレイヤーBの状態は3→5とよくなりますが、プレイヤーAの状態は3→0と悪くなります（犠牲になる）。同じように「自白」「黙秘」に移動すると今度はBの状態が悪くなります。したがって「黙秘」「黙秘」はパレート最適です。

次に戦略「黙秘」「自白」を見てみましょう。「黙秘」「自白」から「黙秘」「黙秘」に移動すると、Aの状態は0→3とよくなりますが、Bは5→3になってしまいます。「自白」「黙秘」に移動するとAは0→5になりますが、Bは5→0になってしまいます。では「自白」「自白」にいくとAは0→1になるものの、Bは5→1になってしまいます。つまり戦略「黙秘」「自白」は「ある者の状態をよりよくするためには、ほかの誰かの状態を犠牲にしなくてはならない状態」であるといえます。つまりパレート最適です。同様に「自白」「黙秘」もどこかに移動するとどちらかの利得が犠牲になるので、パレート最適です。

つまり囚人のジレンマには「黙秘」「黙秘」、「自白」「黙秘」、「黙秘」「自白」という3つのパレート最適な戦略が存在します。このあたりが「最適」という言葉に惑わされてしまうところでもあります。

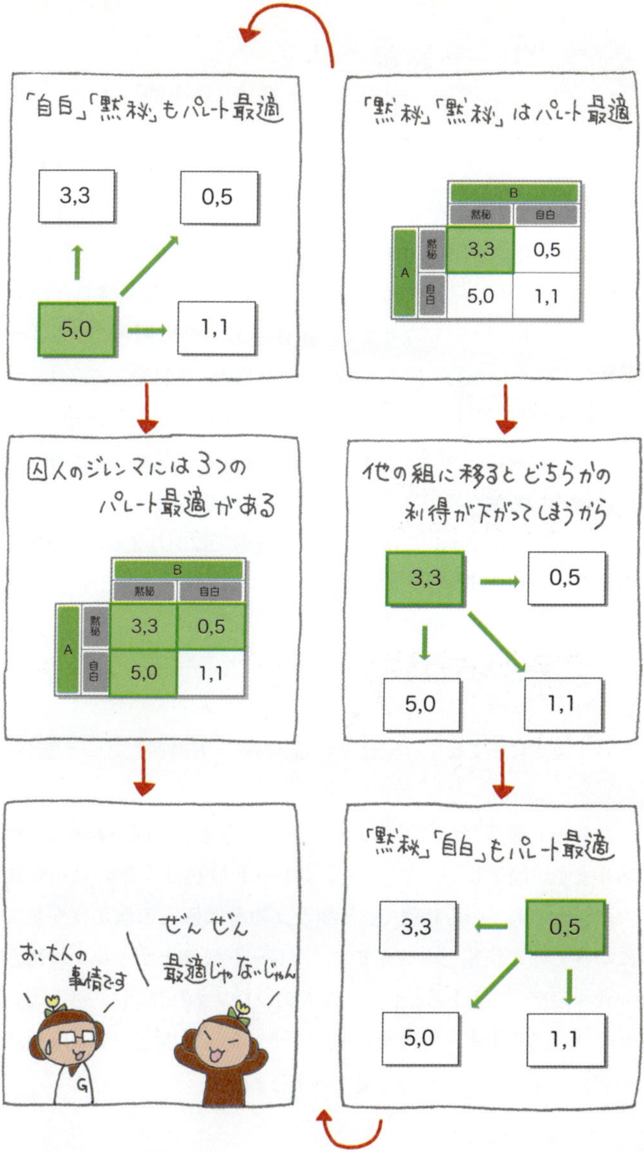
「黙秘」「黙秘」はパレート最適
B
黙秘
自白
A
黙秘
自白
3,3
0,5
5,0
1,1
他の組に移るとどちらかの利得が下がってしまうから
3,3
0,5
5,0
1,1
「黙秘」「自白」もパレート最適
3,3
0,5
5,0
1,1
「自白」「黙秘」もパレート最適
3,3
0,5
5,0
1,1
囚人のジレンマには3つのパレート最適がある
B
黙秘
自白
A
黙秘
自白
3,3
0,5
5,0
1,1
ぜんぜん最適じゃないじゃん
おとなの事情です
G

パレート最適とは？
～囚人のジレンマのパレート最適（効率的）③～

具体的な例で考えてみましょう。2人の兄弟が祖父から2人で分けなさいと1万円をもらいました。この1万円を均等に分ける配分はa = (5,000円, 5,000円)。カッコの中の左側を兄、右側を弟とします。もし兄が強くて自分が全部もらうと宣言すると配分はb = (1万円, 0円) になります。弟が少しお金に困っていることを知っている兄なら、c = (4,000円, 6,000円) で配分してくれるかもしれません。これらの組み合わせはすべてパレート最適です。パレート最適に平等という概念はありません。したがって配分bも最適なのです。それに対して配分z = (4,000円, 4,000円) はあまりがでる配分です。これはパレート最適ではありません。1万円を配分するならば、兄の取り分をy、弟の取り分をxとすると

$$y = 1\text{万円} - x$$

という数式にあてはまる配分すべてがパレート最適だといえます。

パレート最適（効率的）はよくナッシュ均衡と混同されることがあります。簡単にいってしまうとパレート最適は全体の効用が最大限活かされている状態で、ナッシュ均衡は個人の満足度が最大になっている状態ともいえます。パレート最適とナッシュ均衡が一致するゲームがあるなかで、囚人のジレンマのように一致しないケースもあります。では次ページでナッシュ均衡とパレート最適の違いをもう少しくわしく見てみましょう。

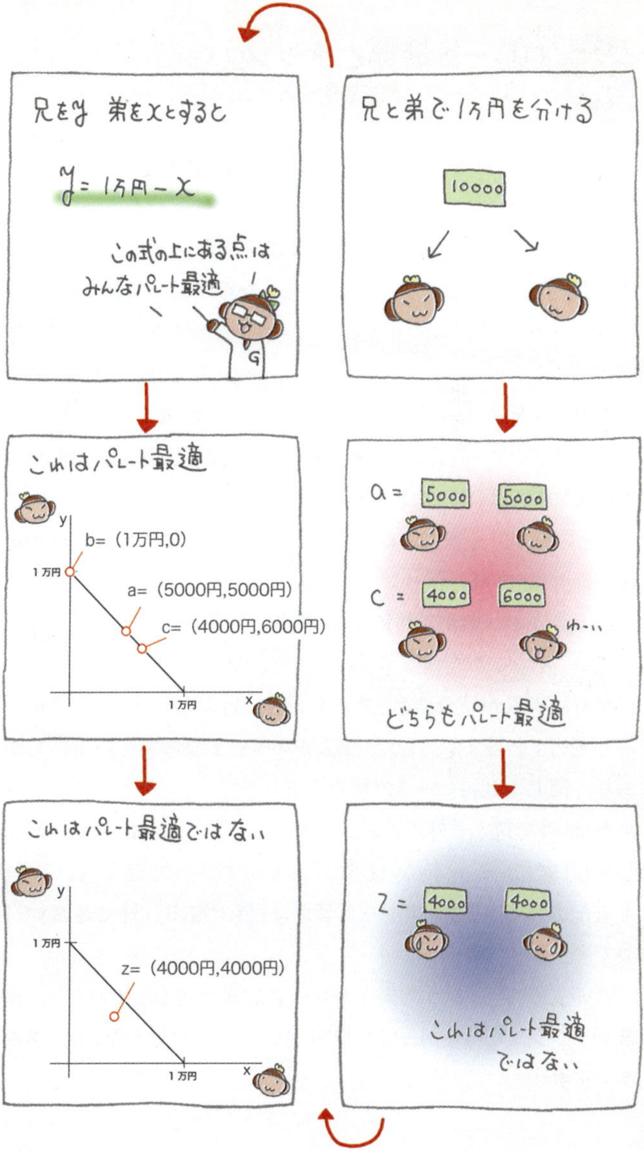
兄と弟で1万円を分ける
10000
a = 5000 5000
c = 4000 6000
わーい
どちらもパレート最適
z = 4000 4000
これはパレート最適ではない
兄をy 弟をxとすると
y = 1万円 − x
この式の上にある点はみんなパレート最適
G
これはパレート最適
y
b=（1万円,0）
1万円
a=（5000円,5000円）
c=（4000円,6000円）
1万円
x
これはパレート最適ではない
y
1万円
z=（4000円,4000円）
1万円
x

パレート最適とナッシュ均衡
～同じケースと異なるケース～

家にいるよりは外で遊びたいと考えるAとBのカップルがいます。しかし残念ながら外は雨です。2人とも外で遊びたいのですが、雨の日に外で遊ぶと、あまり楽しくなく利得－3で、家にいると利得1を得ます。ただし2人がいっしょなら楽しい気持ちがあり、利得は＋3の加点があります。

このような場合のナッシュ均衡とパレート最適を考えてみましょう。プレイヤーはAとB、戦略は「外で遊ぶ」と「家にいる」です。ナッシュ均衡は「家にいる」「家にいる」です。さすがに雨では残念なことに外よりも家にいるほうが楽しいようです。このときの「家にいる」「家にいる」はパレート最適でもあります。ほかの戦略に移ると誰かの状態が犠牲になる（利得が下がる）状態だからです。

翌日、天気が晴れになりました。外で遊ぶと利得3で、家にいると利得1を得ます。ただし2人がいっしょなら楽しい気持ちがあり、同じく利得は＋3の加点があります。このときのナッシュ均衡は「外で遊ぶ」「外で遊ぶ」と「家にいる」「家にいる」の2つです。しかし「家にいる」「家にいる」は「外で遊ぶ」「外で遊ぶ」にパレート支配されています。パレート最適は「外で遊ぶ」「外で遊ぶ」の1つです。

このようにナッシュ均衡とパレート最適が異なっていたり、複数のナッシュ均衡があっても1つしかパレート最適がないケースがあります。

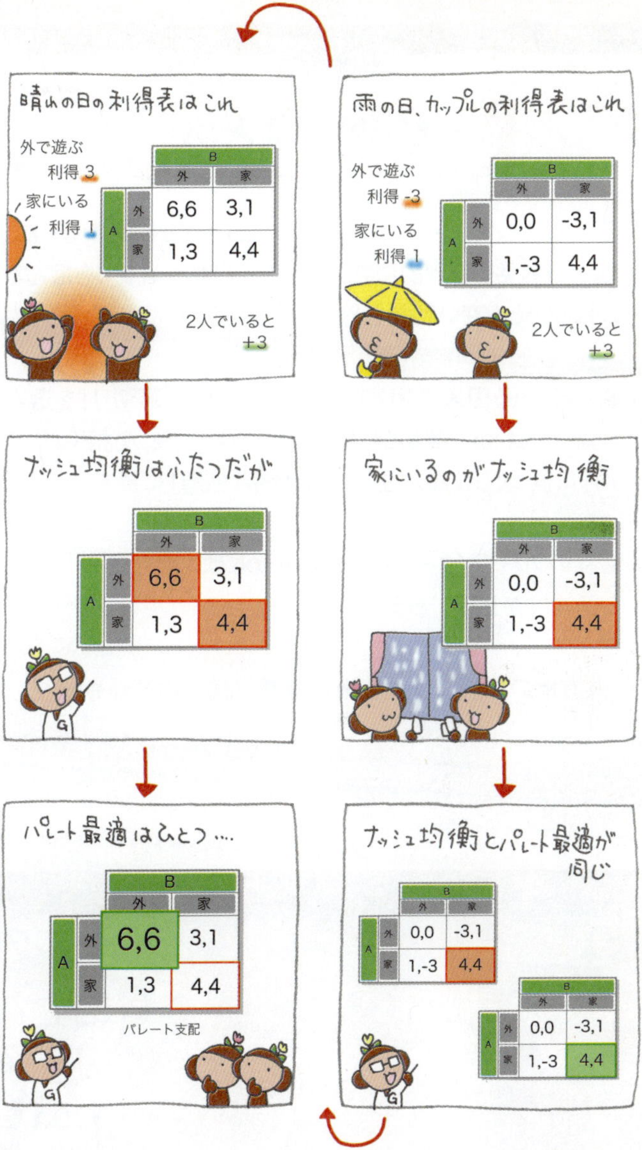

晴れの日の利得表はこれ
外で遊ぶ
利得 3
家にいる
利得 1
2人でいると
+3

		B 外	B 家
A	外	6,6	3,1
A	家	1,3	4,4

ナッシュ均衡はふたつだが

		B 外	B 家
A	外	6,6	3,1
A	家	1,3	4,4

パレート最適はひとつ....

		B 外	B 家
A	外	6,6	3,1
A	家	1,3	4,4

パレート支配
G

雨の日、カップルの利得表はこれ
外で遊ぶ
利得 -3
家にいる
利得 1
2人でいると
+3

		B 外	B 家
A	外	0,0	-3,1
A	家	1,-3	4,4

家にいるのがナッシュ均衡

		B 外	B 家
A	外	0,0	-3,1
A	家	1,-3	4,4

ナッシュ均衡とパレート最適が同じ

		B 外	B 家
A	外	0,0	-3,1
A	家	1,-3	4,4

		B 外	B 家
A	外	0,0	-3,1
A	家	1,-3	4,4

G

第4章のまとめ

・囚人のジレンマはお互いに協調すると高い利得を得られるのに、個人の利益を合理的に考えると協調ではなく裏切りを選んでしまいもっとも高い利得を得られない構造をしている

・繰り返される囚人のジレンマでは、自分から「裏切り」を選んではいけないが、裏切られたらすぐに裏切る。そして相手が「協調」に戻ったら、腹が立っても自分も「協調」に戻す

・会社のフリーライダーを増やさないためには、会社側の「インセンティブ」が重要である

・「共有地の悲劇」と「共有地の進撃」はなんの関係もない

序 5 章

逐次手番ゲーム

プレイヤーが順番に行動を取る逐次手番ゲームの基本的なモデルと代表的な戦略的操作を紹介します。「ゲームの木」と呼ばれる展開図の描き方、利得から戦略をさかのぼるバックワードインダクションなどを知り、ゲームを有利に進めましょう。

20ゲームの必勝法
〜逐次手番ゲーム／バックワードインダクション〜

例題5-1 ／20ゲーム

1から20までの数字を2人のプレイヤーが交互に言って、先に20と言ったほうが勝ちというゲームをしてみましょう。ルールは簡単です。先行は1から始めて2つまでの数字しか言えません。つまり最初の人は「1」か「1、2」のどちらかしか言えません。このゲームは先行のプレイヤーに必勝法があります。さてどんな必勝法でしょう？

例題は簡単な逐次手番ゲームで、プレイヤーが双方の戦略を受けて自分の戦略を決定できます。この問題の必勝法は後ろから解いていくことにあります。

最終的に「20」と宣言すれば勝ちです。勝つ戦略は2つあります。それは「20」と言うか、「19、20」と言うかです。この場合、相手のプレイヤーが18から始めれば、相手は「18」「18、19」としか言えませんから、かならず勝つことができます。つまり先行者は「17」で終わりにするのです。同じ原理でさかのぼっていくと、先行者は「14」「11」「8」「5」「2」で言い終わるようにすればいいのです。つまり最初のプレイヤーの戦略は「1、2」と言うことになります。さて本当にそうか、両親や友人を捕まえて試してみてください。

逐次手番ゲームでは双方の最後の利得を見て、戦略をさかのぼっていく分析ができます。こうした手法をバックワードインダクションといい、別名、後方帰納法とも呼ばれます。逐次手番ゲームでは重要な手法になるので、ぜひ覚えておいてください。

「20」を先に言ったほうが
勝ちというゲームがある
20
負けたよ
数字はひとつかふたつしか
言えない
んー
1
1・2
「20」を言うには相手が
「18」からはじまればよい
18
18・19
すると「17」で終わりにすること
17
16・17
ん?
さかのぼっていけば…
「14」
「11」
「8」
「5」
「2」
フフフ
フフフ…これ
バックヤード
のいい
プロダクション
どんな
プロダクションだよ

ゲームの木の描き方
～ゲームの木で逐次手番ゲームを解く～

これまでは同時手番ゲームを中心に戦略型の利得表を用いてゲームを解いてきました。この章では逐次手番ゲームを中心に、展開型でゲームを解いていきます。展開型はツリー状で表すことができるので、通称「ゲームの木」とも呼ばれています。

ゲームの木はまず初期点を設定します。ここからゲームが始まるという点です。木のパーツになぞられて「根」と呼ばれることもあります。この初期点からプレイヤーAの戦略として、選択肢の線を描きます。この線のことを「枝」と呼びます。枝の次にプレイヤーBの選択肢がある場合は、初期点と同じような点を描き、そこから選択肢によって枝を伸ばしていきます。この点を「意思決定点」もしくは「節」と呼ぶこともあります。初期点と区別するために、初期点を二重丸で、節を丸で表すこともあります。最終的に枝の最後に利得を書いてまとめます。下から上に展開していく形か、左から右に展開していく形が一般的です。

ゲームの木のルールは

- **根からつながっていない枝や節があってはいけない**
- **枝同士がつながってはいけない**

採用されなかった「枝」は2本線を引いて消すことがあります。これを「枝を剪定」するといいます。

ゲームの木の描き方

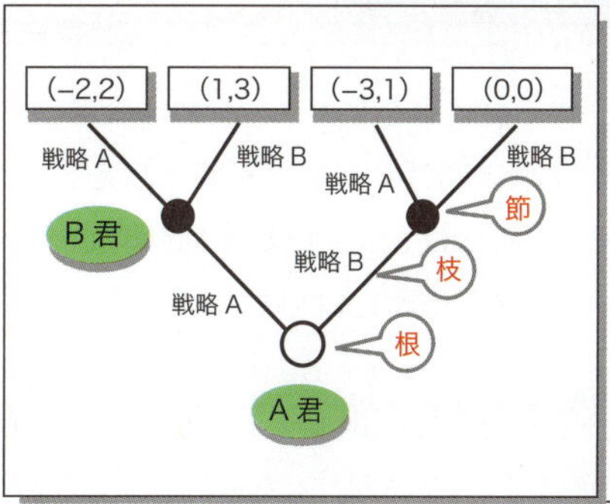

いちばん上の数字が利得です。
利得を文章で説明する場合と
(○,○)と数字を入れる場合が
あります。
数字は、
左側がA君の利得
右側がB君の利得
です

下から上に展開していく形と
左から右に展開していく形が
一般的ですよ

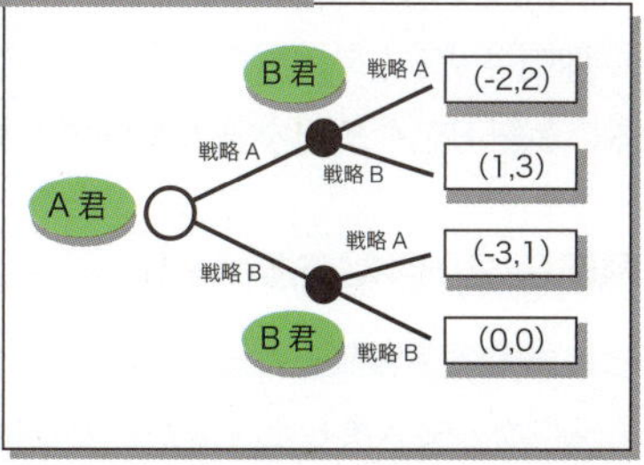

ゲームの木のルール

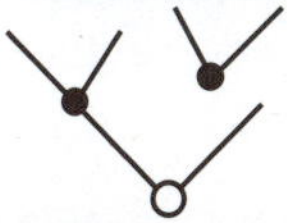

根からつながっていない
節があってはいけない

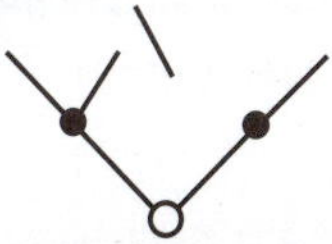

根からつながっていない
枝があってはいけない

枝同士がつながっては
いけない

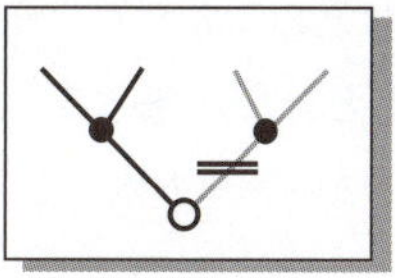

採用しない戦略の枝を
二本線で消すことがあり
「剪定する」と言います

昇給を会社から勝ち取る方法
～昇給交渉ゲーム／戦略的操作「脅し」①～

逐次手番ゲームでは、相手の戦略を見てから自分の戦略が変えられます。つまり自分の戦略が相手の戦略に影響を与えることができます。自分に有利な方向に相手の戦略を誘導することもできるのです。こうした手法は戦略的操作と呼ばれ、代表的なものに「脅し」と「コミットメント」があります。脅しは戦略的操作でもっともよく使われる手法で、相手に「しないと、こちらが○○をするぞ」と相手に強要する形と、「するな、したら○○するぞ」と相手を抑制させるものがあります。この脅しが戦略にどう影響を与えるのかを下記の例題を通して見てみましょう。

例題5-2／昇給交渉ゲーム

会社に勤めて数年経ったあなたは、会社への利益に大きく貢献するようになってきました。しかしそのわりには給料が悪いと思ったあなたは、昇給交渉を直接社長にもちかけることにしました。ところがふつうに「月給を10％上げてくれ」とお願いしても、その要望がすんなりと通るかどうか怪しいものです。では、この交渉ではどこにポイントを置けばいいのでしょうか？

まず社長の視点から考えてみましょう。社長にとって会社の利益はとても大事。人件費は利益を減らすので、できるだけ抑制したいと考えます。しかし利益を生むのも人です。昇給しなければ利益を生むあなたが辞めてしまうと社長が感じると、この交渉はとても有利に働きます。この様子をゲームの木にしてみましょう。

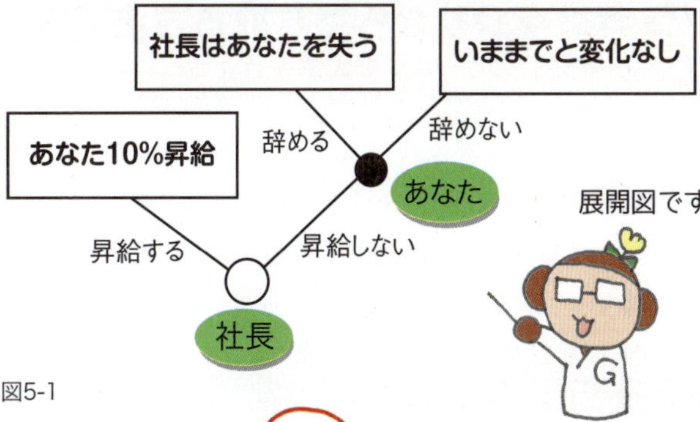
社長はあなたを失う
いままでと変化なし
辞める
辞めない
あなた10%昇給
あなた
展開図です
昇給する
昇給しない
社長
G

図5-1

あー給料上がらんと
やってられない!
社長
10%上げて下さい
これは
てごわいぞ
10%
いいよ
よし!

昇給を会社から勝ち取る方法
～昇給交渉ゲーム／戦略的操作「脅し」②～

あなたが「昇給を求める」ところからこのゲームは始まります。社長は昇給を求められたことを受け、2つの戦略が想定されます。それは「昇給する」と「昇給しない」です。初期点を社長として、戦略「昇給する」と「昇給しない」の枝を伸ばします。

昇給すれば社長はあなたに10％上乗せした給料を払ってゲームの終了です。昇給に社長が応じない場合、あなたには2つの戦略が用意されます。会社を「辞める」と「辞めない」です。会社をあなたが辞めてしまうと社長はあなたを失います。会社を辞めないといままでどおりの条件であなたは働きます。

ゲームの木を上から見てみると、社長が戦略「昇給しない」の場合、あなたが「会社を辞める」という戦略を取るということを理解させることが大事であることがわかります。つまり「昇給しないと本当に辞めるぞ」と社長に脅しをかけるのです。「あいつのことだからこれは空脅しで、昇給しなくてもきっと辞めないだろうな」と思わせたら負けです。

その信頼度を高めるために、あなたはいくつか情報を加算して流す必要があります。1つはあなたをいまの給料よりも10％以上で雇う会社があるというガセ情報です。さらにこの交渉をこっそりとやるのではなく、「社長が昇給してくれなければ俺は辞める」とみんなの前で宣言することです。そうすれば昇給しない場合、あなたが会社に残れば社内の笑いものになってしまい、つらくてとうてい仕事を続けられないという状況をつくるのです。

社長が「昇給しない」を選ぶとすると
昇給10%
昇給する
昇給しない
社長
しなーい
あなたは会社を「辞める」か「辞めない」
あなたを失う
変化なし
辞める
辞めない
あなた
昇給する
昇給しない
社長
ムムム…
そこで社長にあなたが「辞める」を選ぶと思わせる
あなたを失う
変化なし
辞める
辞めない
あなた
昇給する
昇給しない
社長
やめるぞ!
信頼度のある「脅し」をしかける
マジ?
ヘッドハンティングされたんだ
!
キミを再ヘッドハンティングしたい
おっ!
頭《ヘッド》のおきものかよ!
ルルル…

強盗には従うべきか？
～強盗の戦略／「脅し」の信頼性 ①～

あなたは飲み会で家に帰る時間が遅くなりました。繁華街から駅に向かう途中の暗がりで背後から「金をだせ。ださないと撃つぞ」という声がして、背中に金属のようなものを突きつけられました。そんなシチュエーションを考えてみましょう。プレイヤーはあなたと強盗、この状況は逐次手番ゲームで表すことができます。

強盗があなたに銃らしきものを突きつけたところが開始点です。あなたには財布を「手渡す」か「拒否する」という選択肢があります。あなたは強盗が誰かもわかりませんし、銃らしきものが本物かどうかも、弾が装填されているかもわかりません。

もしあなたが財布を手渡せば命は助かりますが、あなたは財布と財布に入った現金、カードを失います。この場合の利得を－5としましょう。強盗にとってみれば現金以外たいして役に立ちませんので、4の利得を得るとします。もしあなたが拒否すると、強盗はあなたを「撃つ」か「見逃す」という戦略を選択することになります。強盗が撃った場合、あなたは大ケガをして最悪の場合は死んでしまうかもしれず利得は－10です。そのとき強盗は3の利得を得ます。強盗が見逃す場合、あなたは命も財布も無事ですが、怖い記憶が残り利得－1を得ます。強盗も逮捕されるリスクをおかしただけで見返りもなく利得－1を得ます。

あなた「拒否」、強盗「見逃す」の組み合わせがあなたにもっとも高い利得ですが、強盗の利得はどうでしょう？　あなたが「拒否」した場合、強盗は「見逃す」よりも高い利得の「撃つ」を選びます。強盗が財布をださないと「撃つ」という言葉には信頼度があることがわかります。

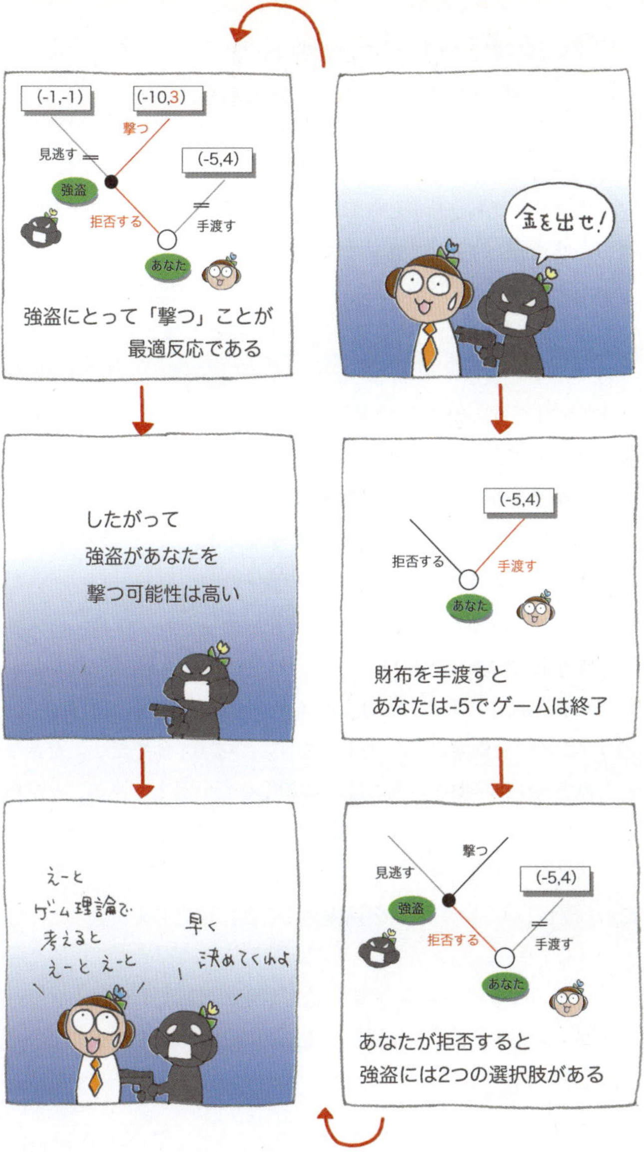
金を出せ！
(-5,4)
拒否する
手渡す
あなた
財布を手渡すと
あなたは-5でゲームは終了
見逃す
撃つ
(-5,4)
強盗
拒否する
手渡す
あなた
あなたが拒否すると
強盗には2つの選択肢がある
(-1,-1)
(-10,3)
撃つ
見逃す
(-5,4)
強盗
拒否する
手渡す
あなた
強盗にとって「撃つ」ことが
最適反応である
したがって
強盗があなたを
撃つ可能性は高い
えーと
ゲーム理論で
考えると
えーと えーと
早く
決めてくれよ

強盗には従うべきか？
～強盗の戦略／「脅し」の信頼性 ②～

次に同じ状況で強盗がもっているものが銃らしきものではなく、ダイナマイトであったらどうでしょう？　強盗は「金をだせ。ださないと吹き飛ばすぞ」と言います。

あなたが「手渡す」場合、先ほどのゲームと利得は同じです。あなたが「拒否」の場合、強盗が「見逃す」戦略を選んだ場合も利得は同じです。大きく異なるのはあなたが「拒否」して、強盗が「吹き飛ばす」を選んだ場合です。あなたは大ケガをし、最悪の場合は死んでしまうかもしれません。この場合、利得の－10は同じですが、強盗も同時に爆破に巻き込まれ、あなたと同じ利得を受けてしまいます。武器が銃からダイナマイトに変わったため、強盗もリスクを負うことになりました。

つまり銃ではあなたが「拒否」した場合、あなたを「撃つ」ことが強盗の最適反応でした。しかしダイナマイトで脅された場合は「見逃す」ことが最適反応へと変わります。つまり「金をだせ。ださないと吹き飛ばすぞ」というのは、信頼度のない脅しであることがわかります。ビジネスの世界でもこうした「空脅し」を仕掛けられるケースは多々あります。ゲーム理論は感覚的ではなく、論理的にこの「脅し」が本物か否かを見極めることに役立ちます。

このゲームも後ろから利得を見てさかのぼっていくバックワードインダクションによる分析が正しい解き方です。

金を出せ!
(-5,4)
拒否する
手渡す
あなた
財布を手渡したら同じだが
拒否すると強盗の戦略に変化が
(-1,-1)
(-10,-10)
吹き飛ばす
見逃す
(-5,4)
強盗
拒否する
手渡す
あなた
強盗も爆発に巻き込まれるため
最適反応は「見逃す」に
したがって
強盗が吹き飛ばす
可能性は低い
それは
ハッタリ…
なんでも
ないです

逃げ道のない強さ
～背水の陣／戦略操作「コミットメント」～

次に戦略的操作の「コミットメント」を見てみます。コミットメントは「約束する」「確約」という意味です。自分が明確な態度を示すことで、相手の戦略に影響を与えようというものです。序章P.14の「選択肢を捨てる」戦略、P.94～P.99でも紹介しました。

序章の例題だったP.14の問題を展開型で表してみます。あなたと敵国には「攻撃」「退却」の戦略があります。あなたが「攻撃」、敵国も「攻撃」をした場合、戦力が劣るあなたは－100の損害、相手も－50の損害が推定されるとします。あなたが「攻撃」、敵国が「退却」した場合、あなたの国は評判が上がり10の利得を得て、敵国は－20の利得です。あなたが「退却」、敵国が「攻撃」は－50、100。あなたが「退却」、敵国「退却」で利得はたがいに0です。これを利得表にしてみます。するとナッシュ均衡が2つあることがわかります。あなた「攻撃」敵国「退却」か、あなた「退却」、敵国「攻撃」です。このままではどちらのナッシュ均衡が選ばれるかわかりません。

そこでこのゲームを逐次手番ゲームととらえてゲームの木にしてみます。するとあなたに有利なナッシュ均衡に進むためには、最初の「退却」を選ばないようにしなくてはいけません。そこであなたは「攻撃」をするというコミットメントを使うのです。そしてこの戦略しか取らないという信頼度を高めるために、食料を捨てるという行動が効果的になってくるのです。このコミットメントをうまく使うことで、相手よりも弱い戦力でも戦いを有利に進めることができます。

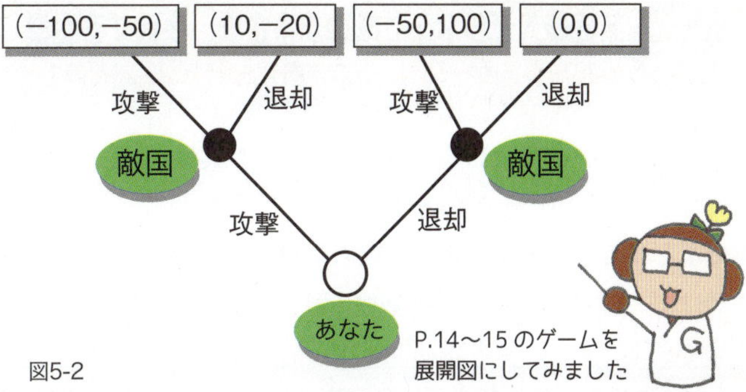
(−100,−50)
(10,−20)
(−50,100)
(0,0)
攻撃
退却
攻撃
退却
敵国
敵国
攻撃
退却
あなた
P.14〜15のゲームを
展開図にしてみました

図5-2

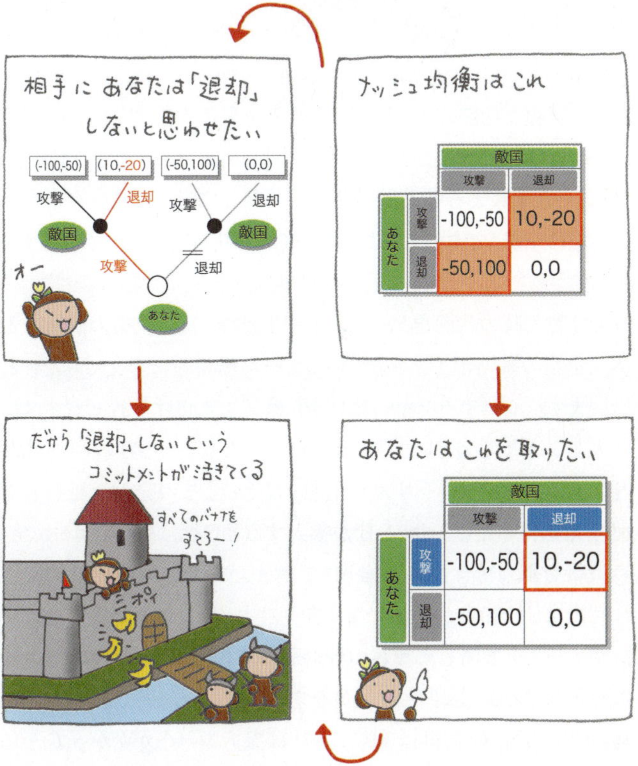
ナッシュ均衡はこれ
敵国
攻撃
退却
あなた
攻撃
退却
-100,-50
10,-20
-50,100
0,0
あなたはこれを取りたい
敵国
攻撃
退却
あなた
攻撃
退却
-100,-50
10,-20
-50,100
0,0
相手にあなたは「退却」
しないと思わせたい
(-100,-50)
(10,-20)
(-50,100)
(0,0)
攻撃
退却
攻撃
退却
敵国
敵国
攻撃
退却
あなた
オー
だから「退却」しないという
コミットメントが活きてくる
すべてのバナナを
すてろー！
ポイ

新規参入ビジネスに成功する企業、失敗する企業

～新規参入ゲーム①／シニア向け旅行ビジネス その１～

既存の企業が順調に業績を伸ばしている業種に、自社も参入して成功したいと考える経営者は多いことでしょう。しかしさまざまな障害が新規参入企業を待ち受けていて、簡単に成功するわけではありません。参入を妨げる障害、参入障壁が複数存在します。

アメリカの経営学者マイケル・ポーターは著書『競争の戦略』の中で、参入障壁の規模をはかる具体的な指針として以下の8つを挙げています。「流通チャネルの確保の難易度」「製品の差別化の存在」「巨額な投資の必要性」「仕入れ先を変更するコストの大きさ」「規模の経済性が働くか」「規模の経済性以外のコスト面での不利さ」「政府の政策による参入規制（制限）」「参入に対しての既存企業からの報復予想」です。このように多くの障害が立ちふさがります。

では参入時の状況をゲームの木でまとめ、寡占《かせん》企業の防衛術と参入企業の戦略ポイントについてゲーム理論的に考えてみたいと思います。シニアモンキー社（S社）はシニア向け旅行ビジネスに参入しようと考えています。S社が参入しないとS社の利得は0、既存企業のゴリラツーリスト（G社）はそのままの売上を維持して利得40を得るとします。S社が参入するとG社は「融和」か「反発」の戦略を取ってきます。「融和」を選んだ場合、価格帯は維持され利得はS社10とG社20になります。「反発」してきた場合は低価格サービスを展開して顧客の囲い込みを図ります。そのときS社は参入をやめる「退却」と、競争をする「対抗」を選択できます。「退却」するとG社の利得は30に、S社は参入コストがかかって－10

になります。S社が「対抗」した場合、価格競争の消耗戦が予想され、G社の利得は10でS社は－20になると推測されます。

利得がすべてそろったところでバックワードインダクションを使い、最終的に高い利得から評価してみます。S社がもっとも高い利得を得るのは、S社が参入しG社が「融和」戦略を取った場合です。しかしG社が「融和」か「反発」を取るかはわかりません。もしG社が「反発」した場合は、S社は「対抗」するよりも「退却」を選んだほうが利得は高くなります。G社が合理的判断するなら利得の少ない「融和」戦略を取る可能性はなく、「反発」される可能性が高いです。すると、そもそも参入しないほうがS社にとってよいということがわかります。

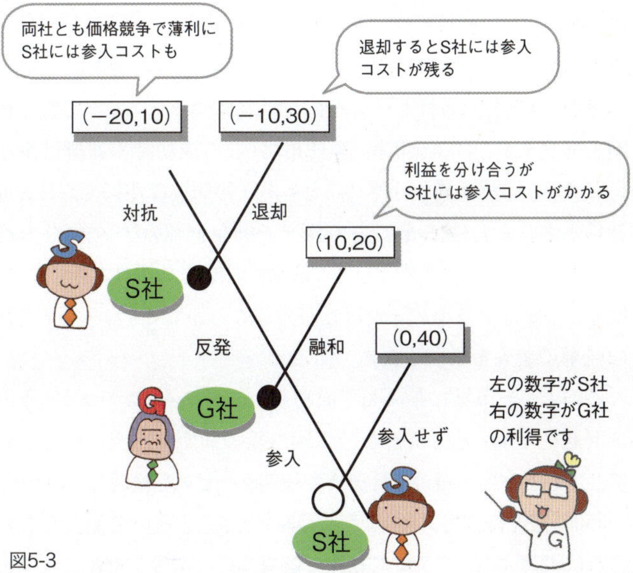

図5-3

新規参入ビジネスに成功する企業、失敗する企業
～新規参入ゲーム①／シニア向け旅行ビジネス その2～

もしG社が比較的早期にS社を追いだすことができると読めば、「反発」の戦略内容もゆるくなるでしょう。既存のパイプや取り扱いの量を武器に「目玉価格」を打ちだして、S社が対抗できない旅行パッケージを組めばいいのです。こうした対策としてS社は、多額の初期投資をして「退路はない。徹底的に戦う」とコミットメントを仕掛ける方法があります。コミットメントに信頼度がある場合、G社は痛手を追うことを避けて「反発」の手をゆるめる可能性があります。「退却」することのリスクが非常に高くなりました。するとゲームの木が変わります（表5-4）。G社が「反発」してきた場合、S社は「退却」するよりも「対抗」するほうが利得が高くなるのです。

ほかにもS社はG社とバッティングしないニッチエリアで戦う戦略もあります。ニッチ市場（隙間市場）なら成功時の報酬は少ないですが、市場規模が小さいこともあり初期投資が抑えられる可能性もあります（図5-5）。この状況で既存企業のワンワントラベル（W社）が「反発」戦略として、低価格戦略を仕掛けてきても「対抗」して被害を最小にしたほうが得になるからです。するとS社は見事に参入を果たせます。

このニッチ市場に参入して成功したのがアメリカのサウスウェスト航空です。地方都市を結ぶ国内線の短距離路線に絞り、混雑している空港を避けて低運賃で運航サービスを展開したのです。いわば「空を飛ぶバス」のような存在でした。「安い金額」で「ひんぱんに飛ばす」という基本方針で就航当時、ロサンゼルス－フェ

ニックス間を1日に40便も飛ばしたのです。また飛行機なのに指定席を廃止して自由席にしたので、カウンター業務を簡素化できました。合理化を徹底的に行い、初期コストと運用コストを圧縮し、大手の航空会社ではできなかったニッチ市場で見事に成功したのです。

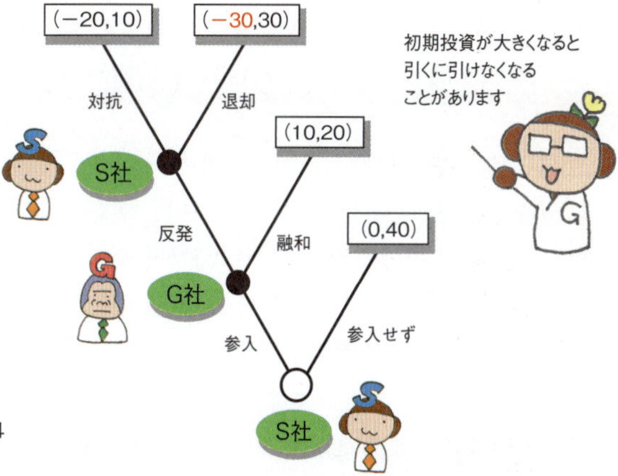

図5-4

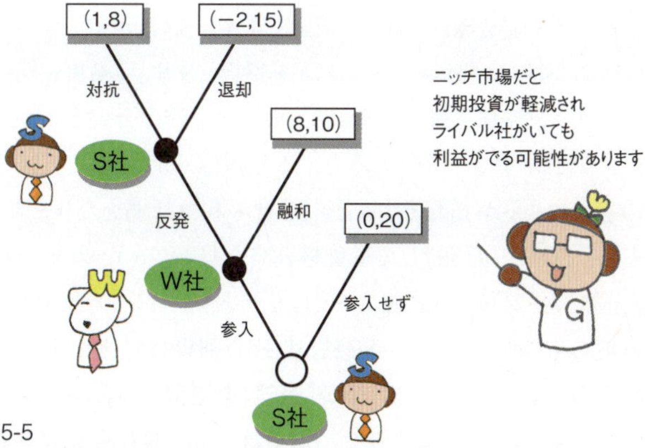

図5-5

ソフトバンクの携帯電話ビジネス参入戦略
～新規参入ゲーム②／携帯電話ビジネス参入モデル その1～

日夜さまざまな市場に参入する新規企業があるなかで、2006年に携帯ビジネスに参入してきたソフトバンク（以下、SB社）はインパクトのある参入だったといえるでしょう。「白戸家」のCMで好感度を上げ、スマートフォン市場でもアップルとの契約交渉でドコモとの争奪戦を制し、さまざまな仕掛けを積極的に展開しています。

携帯電話市場は非常に難しい参入市場の1つです。なぜなら参入には「巨額な投資の必要性」があるからです。実際、携帯電話市場に参入してみたものの予想以上にコストがかかり、自己破産を申請した企業もあります。しかしながら成功すると非常に大きな見返りがある市場でもあります。

ではソフトバンクが携帯電話市場に参入した経緯を簡略化し、その参入モデルを考えてみます。SB社が参入しなかった場合、既存社D社の利益が100だったと仮定します。SB社が参入するとD社は戦略「融和」か「反発」のどちらかを選択します。「融和」の場合、両者ともに高価格を維持しながら、シェアを分け合います。仮にシェアを半分ずつに分け合うとすると利得は50、50になり、SB社の参入コストが15だとすると、SB社の利得は35となります。

もし、D社が「反発」して低価格戦略を打ってきた場合、SB社は「退却」か「対抗」かを選ぶことになります。D社の「反発」がどの程度のものかによって、SB社、D社の利得は大きく変わる可能性があります。ここでSB社が「退却」を選択すると参入コストがそのままマイナスになるので、SB社は－15、D社も販促コストなどで－10の費用がかかり、100から－10を引いた90が利得になります。SB社がさらに低価格戦略に「対抗」してきたとしたらどうでしょう。仮に利益が半分になるとして、双方の利得は25、25、さらにキャンペーン費用が－10かかるとして、15と15、そこからSB社は参入コストがかかるので－15で利得は0、D社の利得は15となります（図5-6）。

ゼロから事業を立ち上げて、莫大なコストを投下し基地局をつくりながら戦ってもライバル社には勝てないとソフトバンクは考えていました。そこでソフトバンクは当初、既存のキャリアから通信網を借りてサービスを提供することを考えていたのです。しかしボーダフォン社と交渉を続けるうちに、通信網を「借りる」という話が「買う」へと変わり、ハードな交渉を乗り越えて、1兆7500億円という金額でボーダフォン・ジャパンの買収を決めたのです。それは金融機関を除く日本のM&A市場最高金額でした。

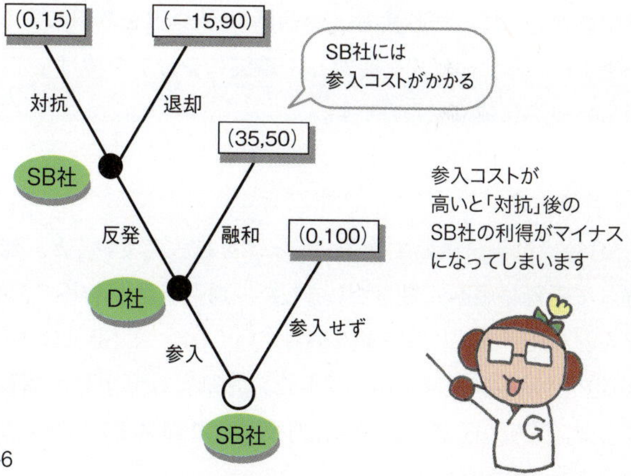

図5-6

ソフトバンクの携帯電話ビジネス参入戦略
〜新規参入ゲーム②／携帯電話ビジネス参入モデル その2〜

実際にSB社が取った戦略と状況をまとめてみたいと思います。

1. 参入コストの軽減

SB社の買収金額は1兆7500億円。かなり高い金額に思えます。しかし基地局を0からつくる必要もなく、1500万人以上のボーダフォンの既存顧客と1800店の既存店舗を受け継ぐことができたのです。トータルでは参入コストを軽減したといえるでしょう。

2. 既存企業の対応

SB社の参入時には既存企業のドコモ社、KDDI社は「融和」戦略を取ったのです。SB社は最初からシェア拡大のために、競争による利用料金の引き下げを想定していましたが、既存の両社は競争を避けて、価格の変更をせずに特別な対応をしませんでした。その結果、SB社はSB社同士の通話料やSMSを無料にするインパクトのあるサービスを展開し、確実にシェアを伸ばしていき、参入は見事に成功したのです。

3. 月賦戦略

SB社は低価格戦略で次第にシェアを拡大していくと、他社も遅れて低価格戦略に動きだしました。携帯電話が無料で配られ、どんどん最新機種に乗り換えられていくなかで、SB社は本体の2年間の月賦販売戦略を取りました。月賦料は利用料と相殺することで、実質0円が体感でき、月賦により顧客を2年間つなぎ止めることができたのです。

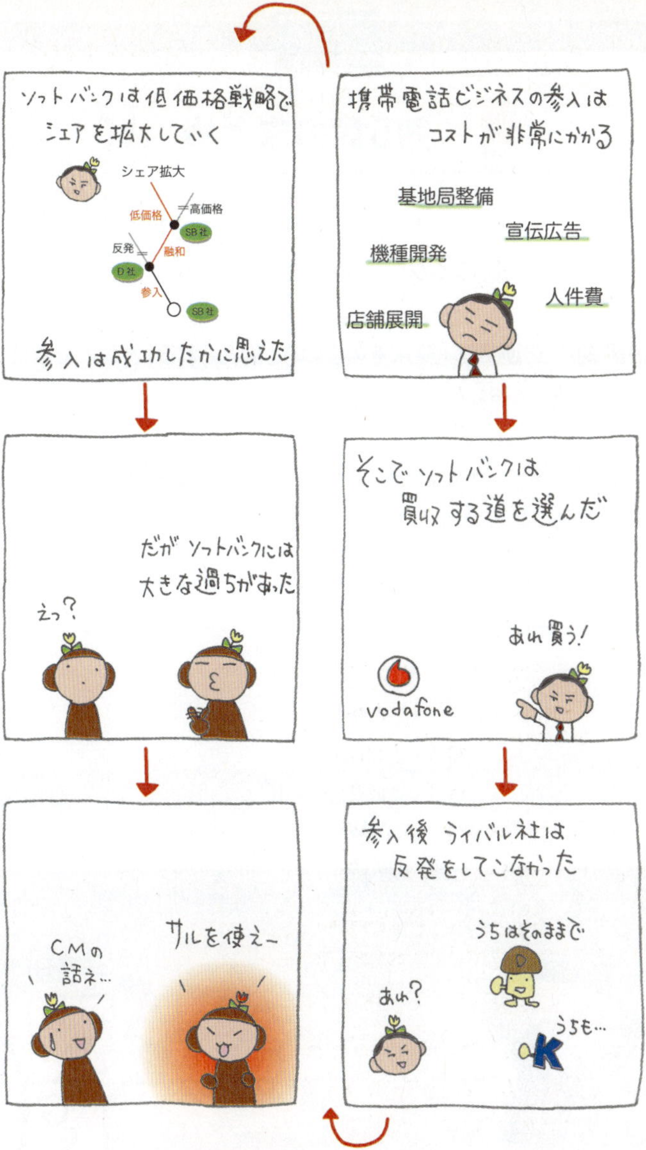

携帯電話ビジネスの参入は
コストが非常にかかる
基地局整備
宣伝広告
機種開発
人件費
店舗展開
そこで ソフトバンクは
買収する道を選んだ
あれ買う!
vodafone
参入後 ライバル社は
反発をしてこなかった
うちはそのままで
あれ?
うちも…
ソフトバンクは低価格戦略で
シェアを拡大していく
シェア拡大
低価格
高価格
SB社
反発
融和
D社
参入
SB社
参入は成功したかに思えた
だが ソフトバンクには
大きな過ちがあった
えっ?
CMの話ネ…
サルを使えー

第5章のまとめ

・逐次手番ゲームでは、結果からさかのぼって最適な答えをだすバックワードインダクションが有効である

・昇給の交渉では「要求をのまないと辞められる」と思わせる伏線を張っておく

・新規参入ビジネスはライバル社の対抗策と参入コストの高さから困難になることが多い

序 6 章

使えるゲーム理論

足が遅くても速い人に勝つ方法、就職活動のマッチング、株式投資の心得、交渉時の注意点など実生活でも使えるゲーム理論の応用を紹介したいと思います。

足が遅い人の戦略、口べたの人の戦略
～バナナ獲得ゲーム／相手だけある支配戦略～

足が速い人は遅い人よりもいくつかの恩恵を受けられますが、いつも勝てるとはかぎらず、足が遅い人でも速い人に勝てる方法があります。そこでこんな例題を解いてみてください。

アフリカからの留学生オサルイン・ボルト君と運動神経に自信がないサル吉君が、あるゲームに挑戦することになりました。スタートラインにはバナナの木があり、200m先にはボタンがあります。ボタンを押すと木からバナナが5本落ちてきます。2人でボタンを押すとボルト君が木まで戻り、すべてのバナナを拾います。ボルト君だけがボタンを押すと、彼が戻る間にサル吉君が3本、ボルト君は2本のバナナを拾います。サル吉君だけがボタンを押すと、ボルト君がすべてのバナナを拾います。ボタンを押さないとバナナは落ちてきません。ボタンまでの200mを往復するとバナナ1本ぶんのカロリーを消費してしまうとします。さてこの場合、足の遅いサル吉君はどのような戦略で勝負するといいでしょう？

カロリー消費を考慮し利得表をまとめてみます。ナッシュ均衡はサル吉君「押さない」ボルト君「押す」です。ボルト君がボタンを押しに行き、その恩恵をサル吉君が受けます。これはサル吉君だけにある支配戦略です。自分が弱いと少しでもなにかをしたくなる衝動にかられますが、強大なプレイヤーに対抗するにはなにもしないで「相手に押させる」という作戦があるのです。これを応用し、パーティが苦手な口べたな人は口達者の人についていくという手があります。達者な相手が人と接触して話をしてくれるので、口べたな人は自分からアクションを起こさなくても話題に入れるという恩恵にあずかれるのです。

ボタンを押すとバナナが5本
落ちてくる
バサッ
ポチッ
200m
2人で押すと足が早いボルト君が
すべてを拾ってしまう
ボルト
5本
サル吉
0本
えーん
ボルト君だけが押すと
サル吉君は3本拾える
サル吉3本
ボルト2本
ボタンを押さないと
バナナは落ちてこない
しーん
足の遅いサル吉君はなにも
しないことがベスト
ヒヒヒ….
なで？
ボルトキック！
ウキ！

		ボルト	
		押す	押さない
サル吉	押す	-1,4	-1,5
	押さない	3,1	0,0

就職活動でミスマッチを減らす
～マッチング①／ゲール＝シャプレーアルゴリズム その1～

就職、転職の面接試験は企業の合理的な判断ではなく、受験者と面接官の「相性」のような軽い感覚的なもので決まってしまうことが多く存在します。必要以上に自分を自己否定する必要はありません。人に好まれる好印象をつくる方法は『マンガでわかる人間関係の心理学』（SBクリエイティブ）にくわしく書いてあるので、そちらを参考にしてください。ここでは就活生と企業の「相性」をゲーム理論的に分析してみたいと思います。

就活生の（A君、Bさん、C君）は、応募先企業に（α商事、β建設、γ証券）を考えていました。就活生はすでに3社の一次面接をパスした詳細を聞いた結果、それぞれ異なった企業の志望順をもっていました。そうして第1希望の企業に、3人同時に二次面接に行くとします。企業側は一次面接で就活生の3人と会っており、感覚的に希望の順位をつけていたとします。就活生の志望順と企業の評価は下記のとおりです。

就活生の希望順

	A君	Bさん	C君
第1希望	α商事	α商事	γ証券
第2希望	β建設	γ証券	α商事
第3希望	γ証券	β建設	β建設

企業の希望順

	α商事	β建設	γ証券
第1希望	A君	A君	Bさん
第2希望	Bさん	C君	A君
第3希望	C君	Bさん	C君

誰もがもっともふさわしいと思う相手と雇用関係になれるのは、どういう組み合わせだと思いますか？　企業は希望に近い人をキープ（内定）でき、残りの就活生をリジェクト（不合格）できます。就活生はリジェクトされると次の企業の面接に行けます。

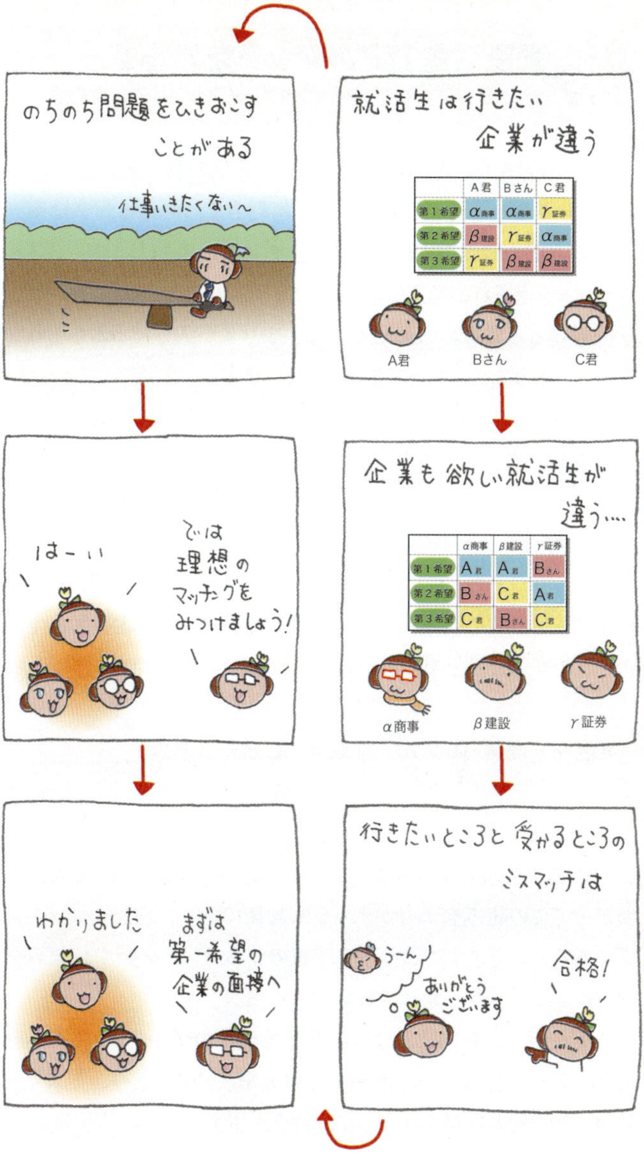
就活生は行きたい企業が違う

	A君	Bさん	C君
第1希望	α商事	α商事	γ証券
第2希望	β建設	γ証券	α商事
第3希望	γ証券	β建設	β建設

A君
Bさん
C君
企業も欲しい就活生が違う……

	α商事	β建設	γ証券
第1希望	A君	A君	Bさん
第2希望	Bさん	C君	A君
第3希望	C君	Bさん	C君

α商事
β建設
γ証券
行きたいところと受かるところのミスマッチは
うーん
ありがとうございます
合格！
のちのち問題をひきおこすことがある
仕事いきたくない～
では理想のマッチングをみつけましょう！
はーい
まずは第一希望の企業の面接へ
わかりました

就職活動でミスマッチを減らす
～マッチング①／ゲール＝シャプレーアルゴリズム その2～

就活生の(A君、Bさん、C君)の第一希望の動きを見ましょう。A君、Bさんの2人はα商事の面接に行きました。α商事は第一希望のA君がきたので、ここでマッチングは成功します。Bさんはリジェクトされ第二希望に回ります。C君はγ証券に行きました。γ証券にとってC君は第三希望で、よりよい人がくるかもしれないので、とりあえずキープされてしまいます。

次にリジェクトされたBさんは第二希望であるγ証券に行きます。γ証券はC君よりBさんのほうに高い評価をしているので、C君をリジェクトしてBさんに内定をだします。リジェクトされたC君は第二希望のα商事の募集締切を知り、第三希望のβ建設に行きます。リジェクトされた就活生はいなくなりましたので、そこで就活生とすべての企業のマッチングが終了します。就活生と企業のマッチングは下記のようになりました。

A君－α商事　Bさん－γ証券　C君－β建設

就活生と企業は、いまの自分の組と違う組をつくったとして、自分も相手も現在よりもよくなる組み合わせは存在しません。したがってこの組み合わせがナッシュ均衡であり、理想のマッチングであるといえます。こうして理想のマッチングを探す仕組みをゲール＝シャプレーアルゴリズムといいます。

この仕組みは社内における部署と希望者のマッチングにも応用でき、入社後にお互いの理想の配属先を決めることや、ミスマッチによる退職者を減らすことにも役立ちます。

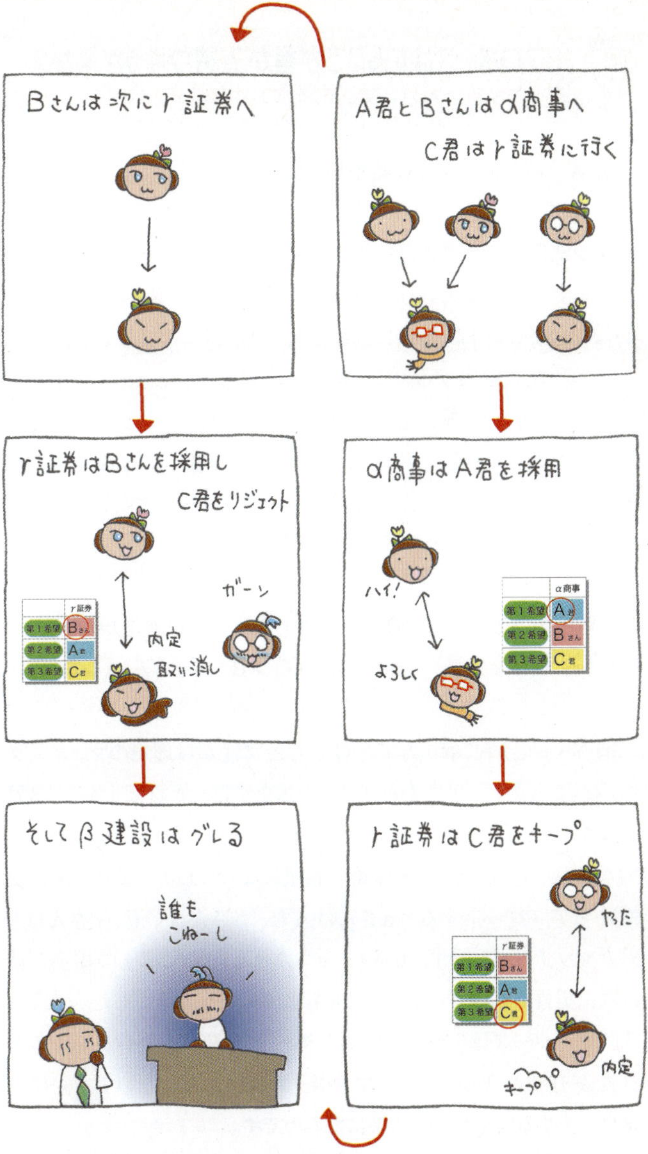
A君とBさんはα商事へ
C君はγ証券に行く
α商事はA君を採用
ハイ！
よろしく
α商事
第1希望 A君
第2希望 Bさん
第3希望 C君
γ証券はC君をキープ
やった
内定
キープ
γ証券
第1希望 Bさん
第2希望 A君
第3希望 C君
Bさんは次にγ証券へ
γ証券はBさんを採用し
C君をリジェクト
内定
取り消し
ガーン
γ証券
第1希望 Bさん
第2希望 A君
第3希望 C君
そしてβ建設はグレる
誰も
こねーし

プロポーズはするほうが得か？ 待つほうが得か？
～マッチング②／マッチングの主導権～

就職問題と同じように結婚相手とのマッチングも人生における重要な問題です。大事なこととわかっているからこそ緊張してなかなか決断ができずに、プロポーズのタイミングを読み間違えたりします。得と損という見地から考えて、プロポーズはするほうが得なのでしょうか？ それとも待つほうが得なのでしょうか？

その問題を解決するのにこんな例題を考えましょう。それぞれ3人ずつの男女がいて、それぞれに好意を寄せている順番が違ったり同じだったりしています。それぞれが下記のような順番で恋愛感情をもっているとき、男性からのアプローチと女性からのアプローチで結果は違うのでしょうか？

A君　:a＞b＞c　　B君　:a＞b＞c　　C君:c＞b＞a
aさん:A＞B＞C　　bさん:A＞C＞B　　cさん:A＞B＞C

前ページと同じやり方で男性からと女性から理想のマッチングを調べてみます。男性からプロポーズをするとA君はaさん、B君はbさん、C君はcさんとマッチングします。A君とC君は第一希望な反面、bさんとcさんは第三希望になってしまいます。次に女性からアプローチするとaさんはA君、bさんはC君、cさんはB君とマッチングします。bさん、cさんともに第二希望の相手と結ばれ、男性からのプロポーズよりもよい結果になりました。そうです、プロポーズは男性からすると男性が有利に、女性からすると女性が有利になるのです。プロポーズは待っていないで、先にアプローチするほうがよい結果になるのです。

プロポーズはするのが得か
待つのが得か?
して!
しれー
んー
神様!
どうすれば?
教えて
しんぜよう
ボワッ!
プロポーズは
先にするのじゃ
はい
そして
教会で式を
あげるのじゃ
はい
はい
総額
89万6000円
営業かよ!

全員の給料を下げてはいけない。代わりに誰かのクビを切れ
～逆選択／相手の視点で不利益を回避する①～

あなたの部署に欠員が生じてしまいました。至急優秀な社員を確保するため会社が1,000万円という年収で求人してくれることになりました。非常に多くの応募がありましたが、そのなかでいちばんあなたの会社に就職したいと考えている人はどんな人でしょう？

それはほかの会社では年収1,000万円などもらえない人物です。もっともふさわしくない人が、もっとも雇われたいと思っている、これを逆選択といいます。逆選択とはプレイヤー双方のもっている情報に差がある（情報の非対称性）場合、状況に応じて発生する市場の失敗のことをいいます。

面接では積極性を見るためにやる気がある人を採用しがちですが、合理的に考えるならあまりやる気を見せすぎる人はなにかの問題やデメリットがあるのかもしれません。

では別の問題をもう1つ。もしあなたが会社の経営者でリストラを考えているとしましょう。人件費を抑制しないと資金にいきづまるとします。なんとかがんばって存続させたいと考えたあなたは、社員の給料を一律10％削減するか、10人に1人を解雇しなくてはならないとします。さてあなたならどうしますか？

あなたの正しい選択は10人に1人を解雇することです。感情的にはみんなでがんばりたいと思うかもしれません。しかし、給料を削減すると優秀な人は転職してしまう危険性があります。もっとも手放したくない優秀な人こそ、真っ先に転職してしまうでしょう。ここに逆選択が生まれます。したがって賢い選択は、もっとも会社に貢献していない人を選んで解雇するほうがいいのです。

あなたは会社の社長
だってサルだもの
資金不足からリストラを考えている
あかん金たらへん
社員の給料10%カットか10人に1人を解雇するしかない
どないしよう～
そんなときはクビを切れ!
ホンマ!?
10%カットするとできる社員が転職する危険がある
あー
私、できるんでやめます!
オマエがやめてどうする!

もうかる話は電話でかかってこない
～逆選択／相手の視点で不利益を回避する ②～

逆選択は日常的に自分の周りに蔓延しており、自分を不利益な状況に追い込みます。たとえば賃貸の不動産の例です。あなたは数ある不動産屋に並ぶ物件から、もっとも条件の合うお得な物件を借りたいと思っているはずです。しかし不動産屋は、できたらあなたには質の悪い物件を提案したいと考えます。質のいい物件はお得意様やその物件でしか絶対にイエスといわない人に提案したいと考えるからです。

同様に家主にとっても逆選択があります。複数の部屋をもつある家主は、いままで敷金の返済問題でトラブルになったことがありません。そこで借主のためにと敷金のシステムを止めてしまったらどうでしょう。すると残念なことに家賃を踏み倒したり、部屋のクリーニング代を払わないで退去する人が増えてしまうでしょう。なぜならその家主は、敷金を求めないきわめてめずらしい存在だからです。ここに逆選択が生じ、家主の希望に反した人ばかりが集まってしまう危険性を秘めているのです。

電話によるセールスなどは逆選択の最たる例です。「ぜったいもうかります」という投資話や、「これはお得な買い物です」とアピールしてくるものほど本当にもうかったり、お得な話ではないはずです。本当に得をするなら、利害関係のないあなたにそんなおいしい話をもちかけるはずはありません。人は「得をしたい」「損をしたくない」と強く感じると、自分視点で都合よくものごとを考えてしまう心理傾向があります。論理的に考えれば相手側のメリットが見えてくるはずです。ビジネスにおいても、うまい話にはなにか裏があると考えたほうが間違いありません。

ビジネスにおいて
誠実な人は怪しい
これ気持ちです
あ、ありがとう…
すごく誠実な人は
人間的に優れている？
ホントに気持ちです
なんていい人だ
いや実は欲深いことが多い
ヒヒ…
これで仕事はオレのだ
いえいえ
ありがとう〜
人の裏を探すのはよくないことと
思われているが…
ナニ考えてる
ナニ見てる
ナニしてる
ドコへ行く
裏ではなく相手の視点で
考えると見えてくる
オレが彼だったとしたら….
中身は…
オマエサルだろ！
婚約指輪かな？

株式投資は「いかにもうけるか」ではなく「いかに損失を減らすか」
〜ミニマックス戦略／損をしない戦略〜

株やギャンブルなどに対して、人は負けることを過小評価し、勝つことに過大な期待をかける心理が働きます。株はゼロサムゲームです。株が上がって得する人がいれば、下がって損する人がいます。原理的に全員が幸せになることはありえません。ゼロサムゲームにおいては、利益を追求する戦略は望ましくありません。損を減らすようなミニマックス戦略が勝つ秘訣です。想定される最大（マックス）の被害を最小（ミニ）にしようとする戦略です。

1,000円で買った株が20％下落し、そのあとに20％上昇したとします。感覚的に元値に戻った気がするかもしれませんが、まだ損しています。20％の値下がりは1,000円×0.8で800円。ここから20％値上がりしても800円×1.2で960円。40円のマイナス、つまり4％損しているのです。20％の値下がりを回復するのは1,000÷800＝1.25、つまり25％必要なのです。30％の値下がりを回復するのは43％、40％の値下がりでは67％もの値上がり率が必要になります。大きな損失をだすと取り戻すのが大変になるのです。

そこで損失が大きくなる前に売る、いわゆる「損切り」が大事になります。自分が損をしているということは、誰かの利益を生みだしているということと同義です。予想外に下落した株は早めに見切り、利益をだしている株は先延ばしにするというのがミニマックス戦略の基本スタンスです。ただし投資心理としては、損したものは売りたくなく、上がっているものは利益を確保したくなるものです。実際に下落した株をもち続けて結果的に値が上がったりすると、その行為を過剰に評価して記憶に残しがちです。投資はミニマックス戦略を考慮に入れるのがいいでしょう。

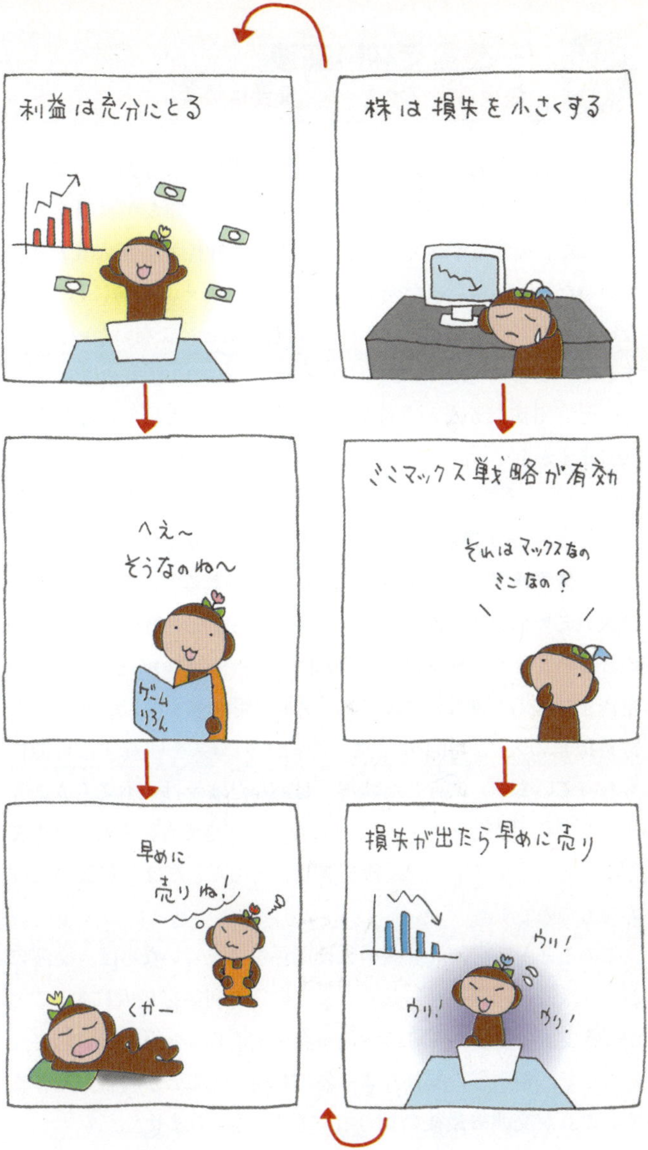

株は損失を小さくする
ミニマックス戦略が有効
それはマックスなの
ミニなの？
損失が出たら早めに売り
ウリ！
ウリ！
ウリ！
利益は充分にとる
へえ～
そうなのね～
ゲーム
りろん
早めに
売りね！
くガー

ノーと言えない交渉
〜最後通牒交渉ゲーム／交渉は最後にもち込め！〜

あなたは知人とイベント会場で屋台を出店して小銭を稼ごうと考えました。あなたがレンタル屋台を借りて、知人が材料を手配しました。そしてイベントの当日、知人は材料手配が大変だったといいだし、50%だった売上配分に異論を唱え、60%にしてくれないと今日の手伝いはしないし、材料ももってこないといいだしました。交渉の余地はなく、あなたが友人の申し出を受け入れないと、出店はかなわなくなります。さてあなたはどんな行動を取りますか？

これは最後通牒交渉ゲームといわれるモデルです。相手からこうした最後通牒（一方的な最終要求）をだされると、拒否するか受け入れるかのどちらかしかありません。あなたが拒否して取りやめると両者ともに利得は0になります。さらに悪いことにレンタル屋台を担当したあなたには、レンタル費用が重くのしかかります。材料担当の友人は「自分で食べる」というロスを回避する可能性ももっています。こうした状況ではあなたは受け入れるしかありません。相手が70%にしてくれと交渉してきても、あなたはのまざるをえなくなります。最後通牒は、もちだしたほうが強い交渉力をもつのです。

このことから交渉決裂後の人間関係を考えないならば、交渉においては最後通牒にもち込むことで自分の利益を最大にすることができます。さらに事前に金銭が発生するものを相手に負担させることで、相手との交渉をより優位に進めることが可能になります。これが交渉の最後の切り札になるかもしれません。

最後にもち出す交渉は
え?
オレ!今日のイベント
6割もらわんと
やらん
拒否すると利得が0以下
になるので
レンタル代
材料費….
悪い条件でものむしかない
わかったよ
交渉は提案側になり
最後に出すと有効
ダメだぜ!
オレが6割だ
30分後….
いたぞ!
そうやって
つかまりました

ゲーム理論でいじめ問題を乗り越える
～ゲームを変えてジレンマを克服する ①～

学校、会社、地域コミュニティなどさまざまな場所で、いじめ問題が深刻化しています。いじめは加害者だけでなく、是認する傍観者、観衆もいじめを助長する存在です。教師や責任者がいじめ問題に気づき、「なんで、みんなで止めてやらない」と傍観者たちに怒って言ったとしましょう。しかし傍観者にとって、見なかったことにして無視することはあたり前の行動なのです。

この仕組みは利得表にしてみればわかります。Aさんとほかの傍観者というプレイヤーにして、戦略はいじめを「注意する」と「見逃す」。Aさんと集団の両方が「注意する」を選べば、いじめを止めることができて精神的に安定な利得1を得られます。両方が「見逃す」を選べば、精神的負担を感じ利得−1。Aさんが「注意する」集団が「見逃す」を選択すれば、今度は自分がいじめられる危険性が高くなりAさんの利得は−5、集団の利得は見逃すことで被害者となるリスクが回避でき利得2を得ます。Aさんが「見逃す」で集団が「注意する」を選べば、Aさんは危険をおかさずにいじめを回避でき利得2、集団は自分がいじめられる危険性を得て−2(集団なので個人よりもリスクは軽減される)の利得を得ます。この利得表を見てください。そう構造的に囚人のジレンマのかたちをしているのです。つまりAさんにとっても集団にとっても、戦略「見逃す」が支配戦略になっているのです。本来は「注意する」ほうが利得が高いのに、利得の低い「見逃す」を選んでしまう構造をしているのです。

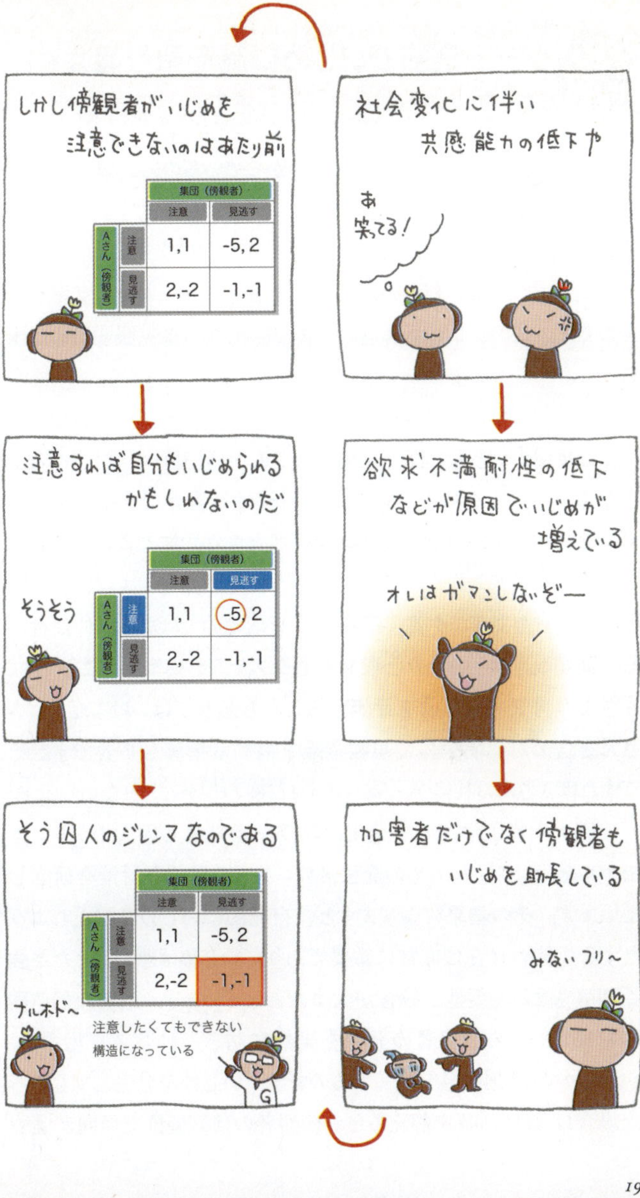
社会変化に伴い
共感能力の低下や
あ
笑ってる！
欲求不満耐性の低下
などが原因でいじめが
増えている
オレはガマンしないぞー
加害者だけでなく傍観者も
いじめを助長している
みないフリ〜
しかし傍観者がいじめを
注意できないのはあたり前
集団（傍観者）
注意　見逃す
Aさん（傍観者）
注意　1,1　-5, 2
見逃す　2,-2　-1,-1
注意すれば自分もいじめられる
かもしれないのだ
そうそう
集団（傍観者）
注意　見逃す
Aさん（傍観者）
注意　1,1　-5, 2
見逃す　2,-2　-1,-1
そう囚人のジレンマなのである
集団（傍観者）
注意　見逃す
Aさん（傍観者）
注意　1,1　-5, 2
見逃す　2,-2　-1,-1
ナルホド〜
注意したくてもできない
構造になっている
G

ゲーム理論でいじめ問題を乗り越える
～ゲームを変えてジレンマを克服する ②～

誰もが「注意する」ほうがいいとわかっているのに、個人の利得のほうを考えると「見逃す」を選ばざるをえないのです。ではどうするのがいいのでしょう？

ジレンマから抜けだすのには利得を変えてゲームを変えてしまうのです。このジレンマ構造のままで、精神的に克服するのは困難です。

まずは「見逃す」支配戦略から抜けでないといけません。そのためには集団が「見逃す」としても、Aさんが「注意する」を選べるような環境をつくる必要があります。1つは加害者に直接注意するのではなく、教師や上司などが受け皿となり、加害者に知られないようなシステムをつくること、そしてその話を聞いた人こそ、聞かなかったような中途半端な態度を取るのではなく、仲裁者として問題改善にしっかりと取り組むシステムを構築することです。Aさんの勇気ある行動を評価することも忘れてはいけません。Aさんを含めた集団全体に規範意識を高める指導も必要です。そうすればAさんの利得が－5から0や1に変わるかもしれないのです。

成蹊大学理工学部の卒業生、教授が繰り返し囚人のジレンマモデルを用いて、いじめの発生メカニズムの解析と対策を研究しています。その結果によりますと、自発的にいじめを制止しようとする生徒の存在は非常に重要であり、いじめは悪いことだと強く理解させる必要性と教育が大事だとしています。適切な価値観の形成はいじめ加害者の発生を未然に防ぎ、仲裁者を増やし、いじめへの浄化作用を強くするのです。いじめが発生してしまった場合は30日（回）を超えると、傍観者の傍観優位な傾向が強く現れてしまうといいます。指導者による早期発見、傍観者たちの自主的な制止、迅速な発見と対処こそが重要だというのがこの研究から明らかになっています。

コミュニケーションツールの変化などにともなって人の共感能力の低下しているといわれています。それは子どもだけでなく大人全体にも侵蝕しています。相手の痛みを感じることができない人が増えているのです。実際、いじめられる人にいじめられる理由なんてないのです。「暗い」「無口」などの理由があとから加害者や傍観者の正当化のためにつけられていくのです。社会的規範が薄らいでいくなかで、集団を統率する教師や管理職の指導力が不足、傍観者たちは個人の保身に走り、いじめを許容する存在となるのは仕方がないことなのです。このままではいじめがなくなる要素はありません。精神論をただ詰め込むのではなく、いじめのメカニズム、構造を理解し対策を講じていくことが求められています。

傍観者には選択肢はありますが、いじめの被害者には選択肢がないことがほとんどです。つまり被害者にとって「いじめ」は、一方的に危害を加えられるだけで「ゲームではない」ということも私たちは理解し、行動しなくてはいけません。

		集団（傍観者）	
		注意	見逃す
Aさん（傍観者）	注意	1,1	-5, 2
	見逃す	2,-2	-1,-1

表6-1

		集団（傍観者）	
		注意	見逃す
Aさん（傍観者）	注意	1,1	1, 2
	見逃す	2,-2	-1,-1

表6-2

あとがき

「ゲーム理論」

その甘美な名前を目にした刹那、最初に浮かんだものはゲーム機を動かしているなにかの仕組みかと想像したものです。それがどうやら違うとわかると次に「それはどんな理論なのだ？」と興味をもって、ゲーム理論に関する参考書をいくつか読んでみたのですが、これがまた、まったくよくわからないのです。本屋や図書館に並んでいたゲーム理論の本は、やたらと難解で読みたいという意欲をそぐものか、簡単だけど全貌が見えてこず、深みがないというものばかりで、「おもしろい」と思えるものがありませんでした。こんなにおもしろそうな名前なのに、ゲーム理論の本はダメだと思ったものでした。だったら自分で書こうと思い、数年間ゲーム理論の資料を集めわかりやすい見せ方を研究し、何年もかけて1つの本にまとめました。本書はゲーム理論の基本をまんべんなく押さえていながら、少し高度なところまで踏み込んでいます。ゲーム理論の基本的なおもしろさと応用していく可能性を感じていただけるものになったら幸いです。

ポーポー・ポロダクションはいままで心理学に関係する書籍を数多くださせていただいています。一見「心理学」と「ゲーム理論」はかみ合わないと思われる人がいるかもしれません。心理学が語る人間の心理傾向は不合理であるといわれることもありますが、深く見てみると合理的に人が考えたうえの行動であることが多く、心理学はゲーム理論と大きく交わるのです。さらに心理学を活用するとゲーム理論による分析だけでなく、不利益なゲームをどう変えていくのがいいのかを考えるのにも役立ちます。

一見、簡単に思えるゲーム理論の問題でも、頭の中で考えるのはやっかいなのです。手間を惜しまず利得表を書き、合理的に最適な道を選択してほしいのです。本書が少しでもあなたの合理的選択の手伝いになることを願います。

ポーポー・ポロダクション

マンガでわかる 色のおもしろ心理学

青い車は事故が多い? 子供に見せるとよい色とは?

色には、時間間隔を狂わせる、物の重さを大きく感じさせる、食欲をわかせる、眠りに誘う、などのさまざまな力があります。こうした力は、企業の商品戦略や犯罪の抑制など、身近なところで広く活用されているのです。本書では、色の持つさまざまな力を、マンガでわかりやすく、おもしろく解説します。本書で色彩心理の第一歩に踏み出してください。

マンガでわかる 色のおもしろ心理学 2

青い色で簡単ダイエット? 関西人が派手なわけは?

人の感覚にさまざまな影響を与える色のチカラ。使い方次第で、ダイエットや仕事のやる気を向上させることも可能なのです。しかし地域や国により、色のイメージや嗜好は大きく変わります。今回は日本だけでなく世界にも目を向け、色の不思議な効果をグローバルに大展開! また、色の効果的な組み合わせ方についてもわかりやすく解説。パワーアップした第2弾をぜひお楽しみください。

デザインを科学する

人はなぜその色や形に惹かれるのか?

よいデザイン、悪いデザイン、かっこいいデザイン、どこからがかわいくて、どこからがかわいくないのか? 人はモノの色や形をどのように認知・判断するのか? 色型人間、形型人間とは? 人が無意識で行うイメージ化とは? そして、人がもっとも好む究極のデザインとは? デザインの秘密と法則にするどく迫る1冊!

マンガでわかる心理学

座席の端に座りたがるのは?
幼いころの記憶がないのは?

心理学は、人の行動を観察し、行動の理由や原因を分析して心の働きを研究する学問です。要は、心を科学的に研究すること。つまり、自分のことをもっとよく知り、対人関係で多くの問題を回避するのに欠かせない学問なのです。本書では、この心理学の歴史からその種類、そして私たちの身の回りでどのように使われているかを、マンガでおもしろおかしく解説します。

マンガでわかる人間関係の心理学

人と会うのが好きになる!
悩みがフッと軽くなる

人生のなかで、幾度となく体験する人間関係の悩み。集団で生活するうえで避けては通れないこの悩みの原因から解消方法までを、心理学と脳科学の両側面から、マンガでわかりやすく解説していきます。本書で第一印象の重要性や相手との距離を縮める共感能力の磨き方などを学べば、あなたの悩みはきっと解消されるはず!!

マンガでわかる恋愛心理学

人はなぜ恋をするのか?
ひとめぼれは本当の恋愛感情か?

恋は「いつ」「どこで」「だれと」生まれるのだろう? そして愛が「愛着」に変わり、「夫婦」となったあと、なぜ危機や破局を迎えるのだろう? 恋愛のカラクリから恋人や夫婦の心理、破局の秘密などを、脳科学や生理学、人類学などの考察も取り入れて、その本質や原理を明らかにしていく。

《参考文献》

『対立と協調の科学』 ロバート・アクセルロッド 著、寺野隆雄 監訳（2003年、ダイヤモンド社）

『ゲーム理論の愉しみ方』 デイヴィッド・P・バラシュ 著、桃井緑美子 訳（2005年、河出書房新社）

『合理的選択』 イツァーク・ギルボア 著、松井彰彦 訳（2013年、みすず書房）

『仕事に使えるゲーム理論』 ジェームズ・ミラー 著、金利光 訳（2004年、阪急コミュニケーションズ）

『ゲーム理論最強のトレーニング55』 清水武治 著（2004年、日本文芸社）

『もっともわかりやすいゲーム理論』 清水武治 著（2008年、日本実業出版社）

『ゲーム理論トレーニング』 逢沢明 著（2003年、かんき出版）

『高校生からのゲーム理論』 松井彰彦 著（2010年、ちくまプリマー新書）

『孫正義が語らないソフトバンクの深層』 菊池雅志 著（2010年、光文社）

『最新ゲーム理論の基本と考え方がよ〜くわかる本』 清水武治 著（2013年、秀和システム）

『ゲームとしての社会戦略』 松原望 著（2008年、丸善）

《参考論文・資料》

「囚人のジレンマを用いたいじめ発生メカニズムの解析と対策」 矢野翔大・近匡・小柳文子（2013年、成蹊大学）

「ゲーム理論を用いた携帯電話市場におけるソフトバンクの戦略分析」 西畑匠悟（2010年）

「いじめのメカニズムとその対応」 福岡県教育センター

索引

あ

アダム・スミス 30
いじめ問題 147
インセンティブ 142
ウォーターゲート事件 114
オスカー・モルゲンシュテルン 26
脅し 160、166

か

価格戦略 46
神の見えざる手 30
完全情報ゲーム 42
キューバ危機 100
強支配 56、110
強支配戦略 50、58、62、110、116、118
協調ゲーム 86、88
共有地の悲劇 144
協力ゲーム 40
均衡状態 68
ゲームの木 44、158
ゲーム理論 12、22、24、26、34
ゲール=シャプレーアルゴリズム 184
行動ゲーム理論 30
後方帰納法 156
コミットメント 98、160、168、172
混合戦略 83

さ

最後通牒交渉ゲーム 194
最善の選択 50
最適反応 72、94、110、116
しっぺ返し 130
支配戦略 50、52、60、62、72、80、94、142、180
社会的ジレンマ 138
弱支配戦略 62
ジャン=ジャック・ルソー 90
じゃんけん 82
囚人のジレンマ 38、108、116、118、124、134、148
純粋戦略 83
情報完備ゲーム 42
情報対称ゲーム 42
情報非対称ゲーム 42
情報不完備ゲーム 42
ジョン・ナッシュ 28、66
ジョン・フォン・ノイマン 26
ジレンマ 112
信頼ゲーム 92
スタダハントゲーム 90
ゼロサム・ゲーム 43、82
戦略 34、36
戦略型 44
戦略的操作 160
相関均衡 86
相関戦略 86、136

た

チキンゲーム 38、94、100、104
逐次手番ゲーム 38、134、156、164
強支配戦略 54
定和ゲーム 43
展開型 44
同時手番ゲーム 38、46、134

な

ナッシュ均衡 28、66、68、70、72、74、76、86、90、94、102、110、134、150、152、168、180
ニッチ市場 172
ネガティブ・キャンペーン 120

は

パスカル 60
パスカルの賭け 60
バックワードインダクション 156、166
パレート効率的（最適） 146、148、150
パレート支配 146、152
非協力ゲーム 28、40、86
非定和ゲーム 43
不完全情報ゲーム 42
フリーライダー 140、142
プレイヤー 34

ま

マイケル・ポーター 170
マッチング 184
ミスマッチ 184
ミニマックス戦略 192

ら

利得 36
利得行列 44
利得表 44
ロバート・アクセルロッド 130、132

サイエンス・アイ新書 発刊のことば

science·i

「科学の世紀」の羅針盤

20世紀に生まれた広域ネットワークとコンピュータサイエンスによって、科学技術は目を見張るほど発展し、高度情報化社会が訪れました。いまや科学は私たちの暮らしに身近なものとなり、それなくしては成り立たないほど強い影響力を持っているといえるでしょう。

『サイエンス・アイ新書』は、この「科学の世紀」と呼ぶにふさわしい21世紀の羅針盤を目指して創刊しました。情報通信と科学分野における革新的な発明や発見を誰にでも理解できるように、基本の原理や仕組みのところから図解を交えてわかりやすく解説します。科学技術に関心のある高校生や大学生、社会人にとって、サイエンス・アイ新書は科学的な視点で物事をとらえる機会になるだけでなく、論理的な思考法を学ぶ機会にもなることでしょう。もちろん、宇宙の歴史から生物の遺伝子の働きまで、複雑な自然科学の謎も単純な法則で明快に理解できるようになります。

一般教養を高めることはもちろん、科学の世界へ飛び立つためのガイドとしてサイエンス・アイ新書シリーズを役立てていただければ、それに勝る喜びはありません。21世紀を賢く生きるための科学の力をサイエンス・アイ新書で培っていただけると信じています。

2006年10月

※サイエンス・アイ（Science i）は、21世紀の科学を支える情報（Information）、知識（Intelligence）、革新（Innovation）を表現する「i」からネーミングされています。

science·i

サイエンス・アイ新書

SIS-307

http://sciencei.sbcr.jp/

マンガでわかる
ゲーム理《り》論《ろん》

なぜ上司《じょうし》は仕事《しごと》をサボるのか？
近所《きんじょ》トラブルはどうして悪《あっ》化《か》するのか？

2014年6月25日　初版第1刷発行
2015年7月5日　初版第3刷発行

著　　者　ポーポー・ポロダクション
発 行 者　小川 淳
発 行 所　SBクリエイティブ株式会社
〒106-0032　東京都港区六本木2-4-5
編集：科学書籍編集部
03(5549)1138
営業：03(5549)1201
装丁・組版　クニメディア株式会社
印刷・製本　図書印刷株式会社

乱丁・落丁本が万が一ございましたら、小社営業部まで着払いにてご送付ください。送料小社負担にてお取り替えいたします。本書の内容の一部あるいは全部を無断で複写（コピー）することは、かたくお断りいたします。

©ポーポー・ポロダクション　2014　Printed in Japan　ISBN 978-4-7973-7017-1